いにしえからの贈り物

お守り・厄除け・おまじない

マーク・矢崎

はじめに

おまじないは日常にあふれている！

ぼくは、年中行事やお祭り、儀式や行事や風習など、人が幸せを願う行為のすべてを、おまじないだと思っています。

そんな観点でおまじないを広くとらえてもらえると、本当に、私たちのまわりにおまじないがあふれているのです。

実は以前、ギフトショーで、長野県茅野市の尖石《とがりいし》土縄文考古館で、「縄文のビーナス」土偶を模したグッズを、町起こしにしようとしている方と出会ったとき、ビーナスや土偶は、「人類最初のお守りだ」ということで、すっかり意気投合したことがありました。

そんな観点でとらえると、おまじないの歴史は、途方もなく古代の昔から、人々に、厄除け、魔除け、五穀豊穣、雨乞いや風起こしなどなど、祭祀が行われ、行事として、世界各地で、幾千年、幾万年を経て、今に伝わっていることがわかります。

おまじないという言葉を使わなくても、幸せを願う営みのすべてが、ある種おまじないで、私たちが幸せに暮らしていくための知恵なのだと思います。

私たちの一年の暮らしの中で、季節ごとの行事、その季節の旬の食べ物との関係なども、見直していくと、新たな発見に気づくことができるでしょう。

そして、たとえば、墓相や家相や風水も、よい気を引き寄せて、幸運を願うおまじないなのです。

その最たるものが江戸城や上野公園です。特に上野公園は比叡山延暦寺を見立てて、東叡山寛永寺。琵琶湖を見立てて、不忍池。清水寺は清水堂。東山は上野の山。竹生島弁財天を不忍池弁天堂と、風水に基づいて遷都された京の都を模して再現された、江戸に作られた京都そのもの。

江戸の鬼門を守る風水の結界として作られた、大がかりな「おまじない」なのです。こうした事例も含めて、私たちの身の回りにある行事、風習、お祭りなど、その意味を見直してみました。第三章におさめてみました。

実践の章では、この頃、何かとツイてないな、好きなあの人に振り向いてもらいたい、お金の神さまに好かれたい――そんなあなたに役立ててほしいと集めたのが、第二章です。

そして、第四章では、気になる「厄年」と「厄除け」「厄落とし」について、考えてみました。世界各国にも、それぞれ厄年があり、様相はさまざまですが、考え方は同じのようです。仏教国ではないトルコやエジプト、ヨーロッパにも厄落としの風習があるし、十二年周期で訪れる厄年がある国では、日本では年男、年女といわれる、めでたい生まれ年と同じ干支の年が厄年だったりして、びっくりです。

第五章では、世界の「愛」のおまじないを集めました。第六章は、日本全国各地の神社に伝わるご利益と、それにまつわる面白い伝説を紹介しています。

コロナ禍で二〇二〇年の京都祇園祭、山鉾巡行が中止になりました。夏の風物詩といわれるこの祇園祭は、実はもともとは、奇しくも、疫病退散の祈りだったのです。平安時代の貞観年代、富士山や阿蘇山などの噴火や貞観の大地震などの大災害が各地に起こり、災害は、飢饉や疫病で亡くなった怨霊たちが引き起こすものとされました。貞観十一年に都で流行した疫病を納めるため、朝廷によって京都の神泉苑で怨霊たちを鎮める儀式が行われたのが起源とされています。

また猛獣のオオカミは、人を襲う山犬を人々が恐れ崇めて大いなる神と奉ったところから、大神→オオカミという名前になったと言われています。このようにおまじないは、ただ悪いものを滅ぼし退治するのではなく、むしろ敵に寄り添い懐柔して、共存共栄の道を求める、とても思いやりあふれる文化でもあるのです。

　このように広い視点でいろいろなものを見ていくと、大人でも満足してもらえるおまじないの本になると考えました。

　子どもの頃、さまざまな願い事をおまじないに託してきたあなたも、大人になって、父となり母となって、子どもや家族の幸せ、癒し、仕事の発展、心の安らぎを求めることがあるでしょう。またさまざまな人生の節目や行事や風習に接したとき、この本が何かのお役にたてれば幸せに思います。

もくじ

第1章　日常に息づく幸福を願う知恵

第2章 願いをかなえるレシピ126

第3章 幸せを願う「年中行事」

第4章　「厄年」と厄除け・厄払い

第5章

世界の愛のおまじない

第6章　にっぽん全国ご利益伝説

第1章

日常に息づく幸福を願う知恵

夫の無事を願う火打ち石

お正月のおせち料理や節分の豆まきなど、今も年中行事の中に縁起担ぎや風習としておまじないが残っているけれど、昔はもっと日常生活の中におまじないが生きていた。

たとえば子どもがケガをしたとき、お母さんがそのケガをなでながら「痛いの、痛いの、飛んでいけ……」と呪文を唱えるのは、子どものケガの痛みが早く治まるようにと願うおまじないである。

また、テレビの時代劇で主人が家を出るとき、奥さんが主人の背中越しに火打ち石を打つのも、切り火を切って魔を清め、外出の無事を願おうとするおまじない。

今も昔も人々は、人智では計り知れない不思議なことや恐ろしいことは、みんな魔物や神様の仕業と考えてきた。

たとえば狼をオオカミ＝大神、雷をカミナリ＝神鳴りというように、怖いことや恐ろしいことは、とくに神様として崇め奉ることで、自分たちに災いが降りかからないようにしようと考えたのだ。

この神様や魔物を崇め敬まって、怒りや災いを鎮めようとしたのが、おまじないの始まりだ。

時代が下って現在では、科学万能と言われて、今まで人智の及ばないことと思われてきた不思議なことや恐ろしいことも、その原因のほとんどが解明されてきた。

謎や恐怖の原因が究明されて、人が恐れたり畏敬の念を抱かなくなると、その分、おまじないは忘れられ、少しずつ姿を消している。

しかし、人の心の機微や人間関係、恋愛感情など、まだまだ理屈では割り切れないことも多く、とくに人生経験の浅いティーンや若い人たちにとっては、未だに神頼みの分野でもあるのだろう。

おまじないという言葉は使わなくとも、魔除けや願望成就の効果のある画像をスマホの待受画面に載せたり、霊石やヒーリング効果のあるグッズを身につけたり、風水や聖地やパワースポットに、癒しや運気を高める気を求めたりして、まだまだ身近なところにおまじないは形を変えて息づいている。

ストレス社会と言われる今の時代、人智では計り知れない新しい対象が生まれて、それが新しいおまじないを生み出しているのではないだろうか。

三万五千年前のビーナス像がおまじないの原点！

ぼくが知っている世界最古のおまじないは、二〇〇八年にドイツのシュルクリンゲンという町の洞窟の遺跡から見つかった、「ホーレ・フェルスのビーナス」と呼ばれる、今から三万五千年前、旧石器時代のビーナス像だ。マンモスの牙から作られている。

他にも世界各地で同様のビーナス像が発見されているが、どれもとてもふくよかで、お腹が大きく豊満な胸の妊婦像で、女性が子どもを出産することから、その不思議な力にあやかったと思われる。家族や子孫の繁栄と、当時、食料だった狩りの獲物の動物が増えて、食べ物に不自由しない豊かな生活を営むことができるようにと願った、豊かさの象徴だとされている。

日本でも、長野県茅野市から出土した「縄文のビーナス」「仮面の女神」ほか、全国各地で発見されたビーナス像は、謎に包まれてはいるが、研究者の間では、そうした、祈りの道具に使われたであろうことが明かされている。

三万五千年前の人類に、神様や仏様の概念があったかどうかは不明だが、少なくとも

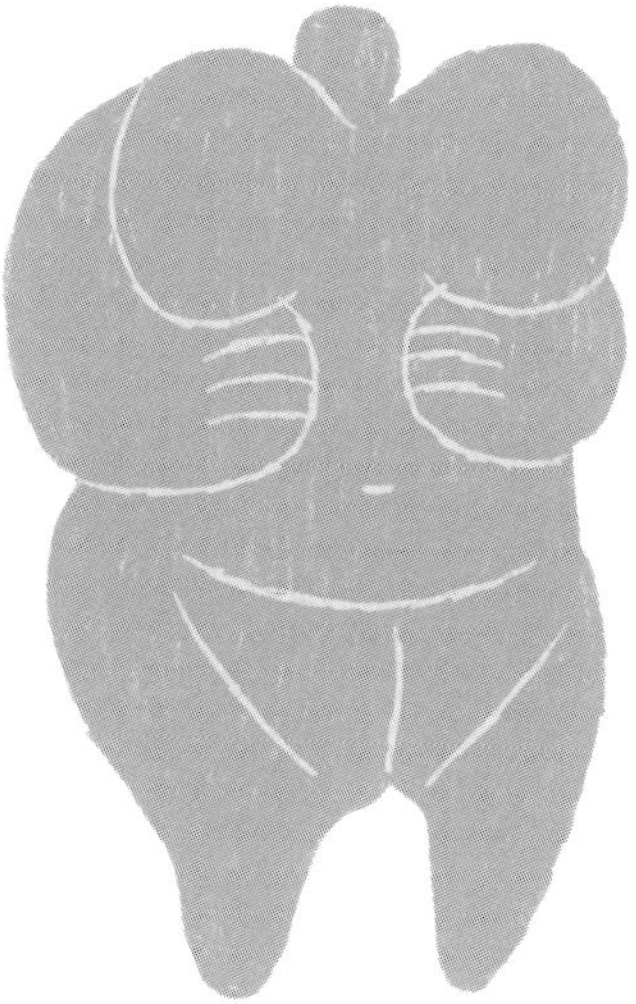

ホーレ・フェルスのビーナス

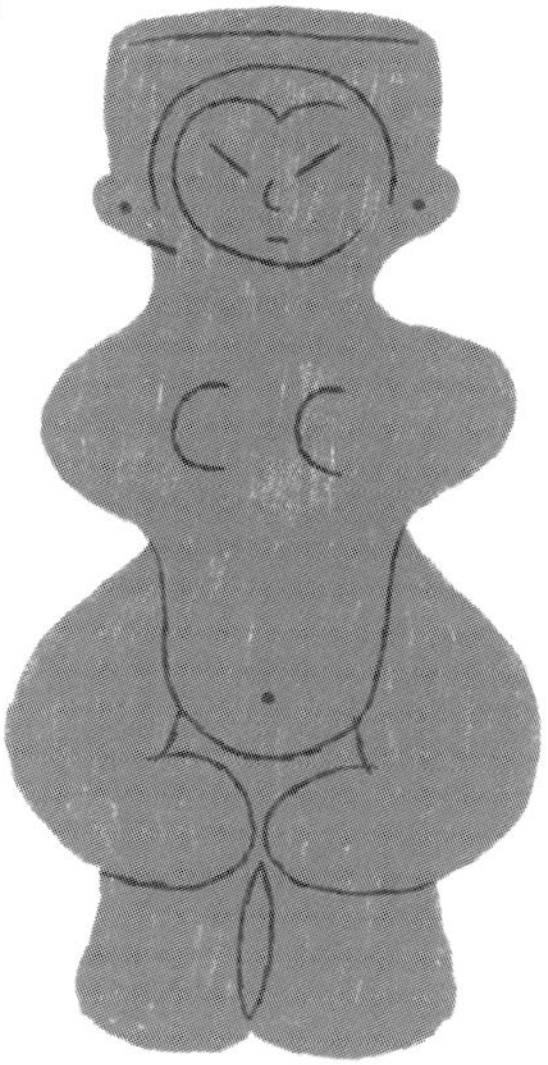

縄文のビーナス

身近に起こる不思議な現象に、何か神秘性のようなものを感じて、その不思議な力に、幸せを願う意識はあったのだろう。

生命を生み出す妊婦の力にあやかって、生活の豊かさを願ったり、家族や子孫の健康や繁栄を祈るということは、ぼくたちがおまじないやお守りで、願望成就や幸運を願うのと同じである。この三万五千年前のビーナス像は、おまじないの原点だと言ってもよいだろう。

ヨーロッパと日本、おまじない文化の違い

おまじないと魔法の定義で分けてみると、古い魔法書に書かれているような、アラブやヨーロッパで生まれた魔法陣やアミュレットは、どれも自分中心で願望をかなえる、定義上は魔法に含まれるものが多い。

一方、古くから日本に伝わるおまじないは、家内安全や健康長寿など、家族や自分以外の誰かのために願いをかけたり、家や仲間単位での幸運を願うものが多い。

この違いはアラブやヨーロッパは狩猟民族で、数に限りある獲物を、それぞれが競い

合って狩る文化であるのに対して、日本は農耕民族で、同じ集落のみんなが協力し合って作物を育てる文化なので、いつもまわりを思いやる、思いやりの文化の影響なのだと思う。

しかし、世界各地には、家族を思いやるおまじないがたくさん残っている。

たとえば、ヨーロッパやアメリカに伝わるパッチワークは、それぞれの家や家族によって、オリジナルの模様やモチーフがある。それはその家や家族が健康で幸せに恵まれて、大いに繁栄するように願って作られたもので、その家に代々受け継がれている。

同じように日本でも、津軽地方に伝わる刺し子には、その家独自の模様があり、ひと針ひと針、家族の健康や安全を願って、思いを込めながら作られるということだ。

そういう意味では日本の家紋も、ヨーロッパの貴族の家に伝わる紋章も、その家や家族に幸運と繁栄をもたらすように作られた、意味のある図案だし、古くから着物や布地に描かれた、青海波やペイズリーなどの文様も、本来は何かの願いを込めて作られた、意味のある図案で、これもまた身につける人の幸せを願った、おまじないと言えるだろう。

そういう意味でぼくたちの身のまわりを見まわしてみると、それを使ったり身につけたりする人の幸せや、何かの願いを込めた、おまじないの意味が込められたものがたくさん存在する。家族や大切な人を守りたいという気持ちが、たくさんのおまじないを今に伝えてきたのだろう。

子どもの「名づけ」は究極のおまじない

おせち料理や、七夕の笹飾りなど、今に伝わるお祭りや年中行事には、その家や家族の幸せや繁栄を願った、おまじないの文化や風習が今もたくさん残っている。

その中でもぼくが、これぞおまじないだ、と思うのは子どもの名づけだ。

おまじないが大切な人を守り、その人の幸せや繁栄を願うことだとしたら、生まれてくる子どもの幸せや、その将来を思い浮かべてよりよい名前を考える、親の気持ちこそ、最大のおまじないの儀式だと思う。

子どもの将来を考えて、名前をつづる文字の意味や画数を考えたり、とくに最近のキラキラネームは、テレビやアニメで活躍するアイドルやキャラクターのイメージにあやかろうとするもの。おまじないは何かの幸せを引き寄せる縁起担ぎの儀式なのだから、子どもの名づけは、ぼくたちが、知らず知らずにしている立派なおまじないなのだろう。

またラグビーの五郎丸選手の祈りのポーズや、スポーツアスリートのルーティン、勝負下着や黄色いサイフ、縁起のよいスマホの待受画像というのも、やっぱりおまじない。

ぼくたちは、知らず知らずのうちに身近におまじないを取り入れて、幸せに向かう一歩を踏み出す勇気をもらっているのだろう。

そういう意味でおまじないは、幸せのイメージトレーニングだ、とマークは思う。

おまじないによって自分の求める幸せと真摯に向かうことで、より幸せが具体的なイメージとなって、その幸運を引き寄せるパワーを得られるのだ、と考える。

魔術とは、似て非なるもの

おまじないと同じ願望成就を願う手段に、魔術や魔法というものがある。

魔術はおまじないと同一視されることが多いが、ぼくは、この二つは、似て非なるものと考えている。

そもそも魔術や魔法は魔力という「魔」の力を利用するもので、人類の文化が進んで宗教が生まれ、神と悪魔の概念が生まれて以降のものなのだ。

おまじないは、家族や子孫の健康や繁栄を願うもの。そして、それは料理や薬草の知識として、一家を守る主婦や女性に代々伝わっていった。

そんな伝承から不思議な力の象徴として、妖精や精霊などの伝承が生まれたのは容易に想像できるが、やがてその不思議な力の伝承は、男性社会の中で権力を掌握するために取り入れられて、神や悪魔や宗教の概念が生まれ、妖精や精霊の伝承は、神々の力や神話へと発展していった。

そして、おまじないは権力を握った宗教家や、王侯貴族に雇われた魔法使いや魔術師によって研究され、富や権力を手に入れたり、敵を殺し滅ぼすための、呪術や錬金術のような、権力者の欲望を満たすための魔法や魔術として作り直されたのだ。

やがて中世になってキリスト教が世界を席巻すると、魔法や魔術は、宗教の中に神学や儀式として取り入れられたが、おまじないや、それを継承する女性たちは魔女として、悪魔の術を使うとされて糾弾された。それが魔女裁判なのだ。

だから、ぼくは魔法とおまじないの違いとして、富や権力という個人の欲望を満たしたり、敵や意に沿わない人を呪って陥れようとする願いの儀式や方法を、魔術や魔法。

家族や知り合い、その他みんなの健康や、安全や幸運を願う思いやりの儀式や方法を、おまじないと呼ぶように定義づけしようと思う。

もちろん、みんなの中には自分も含まれていて、自分の幸せをみんなと分かち合うのがおまじない。誰かを犠牲にしたり、幸運を独り占めするのは魔法かなと思う。

おまじないとの出会いは、振られたこと!?

そもそも、ぼくがなぜ神秘の世界に惹かれるようになったかというと、中学三年のとき、好きな女の子がいて、牡羊座の彼女。ある日デートをすることになり、星占いの本で彼女の運のいい日を選んで、万全に準備をして行ったんだけど、結局、振られた（笑）。がっかりして家に帰り、自分の星座の占いを読んだら、そこに「牡羊座の恋人がいる人は、彼女が他に目移りして振られてしまうので注意」と書いてあったんだ。もうショック。振られたことより、ここまでズバリ言い当てられた悔しさで。

それで本格的に占いの勉強を始めた。でもしだいに「運命が存在して、占いでそれがわかるとしても、その出た結果に従わないとダメなんだろうか？」と思うようになった。

「占いで運命がわかるのは何らかの方程式があるからだ。それなら、そこに別の数を代入することで運命を変えることもできるはず！」と考えた。その方法を探すうちに出会ったのが、おまじないだ。

おまじないは「私はこれがほしいんです」と宇宙に向かってアピールする儀式。でも思いだけでは形がないから、何をどうすればいいのかわからない。そこで〝象徴〟を使ってその願いを形作る。形而上学では、何かを形作った小さなものは、同じ形をもつ大きなものに影響を及ぼすとされる。

たとえば、人形を二つ用意してそれを結ぶという小さな形を作ることによって、実際の二人が結ばれるという現実を作り出すことができるのだ。つまり願いをかなえるための設計図を提示するということ。そうやって運命の流れに影響を与えて、自分の手で願いをかなえていくための手段が、おまじないなのだ。

愛と調和のトラプスペンダント。このお守りの心温まるエピソードが、48Pの「コラム」で紹介されています。

自分の器に入る分の幸せ

この宇宙が生まれたとき、そこには混沌（カオス）があった。すべての元となる粒子が漂う、しんと静まりかえった闇の世界。聖書によるとそこに神様が〝光あれ〟と言葉を発した瞬間、そこに波紋が広がり、粒と粒がぶつかっては結びつき、原子が生まれ、それがくっついて元素が生まれ、またそれが結合してさまざまな物体が生まれていった。

そう考えると、この世はさまざまなものが結びついて、絶えず新しいものを生み出しながら発展していく、という法則に基づいていることがわかる。ぼくたちもそれは同じだ。恋をして結婚して、新しい生命を生み出す。恋愛に限らず友人が結びついて、素晴らしい作品を作り出すこともある。

それに対し、誰かを傷つけたり、おとしめたり、騙したり……というのは宇宙の法則に反していることになる。だからおまじないでマイナスの願いはかなえられないのだ。

ぼくたちはそれぞれに幸せを受けとめる〝器〟を持っていると考えてほしい。そして宇宙には、地上に存在するぼくたちの器に入る分の幸せしか用意されていない。つまり余分な幸せはないのだ。でもぼくたちは、自分の器以上の幸せを手に入れようとする。そのために、誰かをだましたり傷つけたり、出し抜いたりしながら……。〝自分が幸せなら、他の人が不幸になってもいい〟という考えだ。

これって何かに似ていないだろうか。自分の分をわきまえず、どんどん他の幸せを奪って肥大化していく……そう、がん細胞だね。他の細胞にいくはずだった栄養を奪ってしまうことで、結局、自分の存在基盤である肉体さえも朽ちさせてしまう。がんは現代になってから生まれた病だけれど、それは神様がこのことを教えようとしているんじゃないかと、ぼくは思っているんだ。

〝みんな一緒に、幸せになろうよ〟

実はおまじないは、その対極にある考え方に基づいている。つまり、幸せをみんなで分かち合って〝みんなで幸せになろうよ〟という考え方。

おまじないで願いがかなうというけど、それは誰がかなえてくれているか知っているだろうか。神様が神秘の力で奇跡を起こしてくれている？　実はそうじゃない。願いをかなえてくれているのは、あなたのまわりにいる「みんな」なんだ。

あなたが「助けて！」と願ったときに、どこかの誰かが「自分のお皿には十個の幸せが乗るけど、一個我慢するから、これを使って」と分けてくれている。そして今度は、別の誰かが困っている時に、あなたに余裕があれば一つ幸せを分けてあげる……。そんな幸せの分かち合いを、見えないところでぼくらは、無意識のうちに行なっているんだね。

では、自分のお皿に見合った幸せしか手に入らないのか、というとそうではない。このお皿は、自分の努力しだいでいくらでも大きくすることができる。お皿が大きくなれば、宇宙はその分の幸せをぽこっと生み出してくれる。そうやってみんなが限りある幸せを奪い合うのではなく、自分のお皿を大きくすることで、宇宙全体の幸せの全体量を増やしていくことができたら……きっともっと幸せな世界になると思う。

だから、ぼくの好きな言葉は「みんな一緒に幸せになろうよ」っていうこと。もちろんこの「みんな」の中には、自分も入っているんだけど（笑）。自分だけが幸せになろうとするのではなく、みんなが幸せになれる方向に頑張っていこうということ。そういう「情」にあふれた世界観を、今後もおまじないを通じて、伝えていければと思っている。

トラプスの魔方陣、その歴史とひみつ

日本のおまじないを考えてみると、誰かが誰かの無事を願う、というような、気持ちや感情を込めたものが多いように感じる。

それに比べてトラプスの魔方陣をはじめとする西洋の魔法やおまじないは、誰かのためにと言うよりは、自分自身のために直接的に願望成就をお願いするものが多い。

これは家系社会だった日本文化と、個人主義の西洋文化の違いなのだろうか。

さて、トラプスの魔方陣の起源は、ユダヤの神秘思想のカバラに由来する。聖書にはしばしば神様が発する「命ある言葉」という記述が表れ、「言葉は神であった」という文章のように、カバラには文字や言葉に命や神が宿る、という日本の「言霊《ことだま》」と同じような考え方があった。

そのためカバラでは、文字や数字に意味を持たせて、その意味に合わせて文字を組み立てて言葉を作ったり、実際の物や現象に数を割り当てたりして、万物の力や現象を自由に操ろうとしていた。

文字や数字を組み立てて、万物のいろいろな力や魔力を引き出そうとしたカバラの魔法は、ゲマトリアやノタリコンと呼ばれ、カバラの中でも秘中の秘とされてきた。

しかし、ルネッサンス時代の錬金術や魔術復興のとき、ユダヤ人のアブラハムによって『アブラメリンの魔法書』として、その文字や数字を組み合わせて魔方陣を作り、いろいろな魔力や現象を引き起こす方法が紹介されたのだ。

このトラプスの魔方陣も、そのとき紹介されたものの一つで、万物を大宇宙として一体化させている、その愛と調和の力を引き出す魔方陣なのだ。

トラプスの魔方陣をよく見ると、五列五段に並んでいる文字が、回文になっている。

聖書の中で、モーゼがシナイ山で神の啓示を受けたとき、神様の手が現れて、テントの幕にメッセージを記していった。その文章が回文だったので、回文には神の力が宿っているとも言われているのだ。

見るからに何とも不思議なトラプスの魔方陣。次はぼくとトラプスの魔方陣との不思議なご縁と、トラプス・グッズについてお話をしよう。

T	R	A	P	S
R	E	L	A	P
A	L	U	L	A
P	A	L	E	R
S	P	A	R	T

トラプスの魔方陣

トラプスの魔方陣は、上下左右どこからでも、TRRASと読める。不思議な文字の並び方に人々が魔力を見出したのだ。願いをかなえて幸せをよぶ最高の魔方陣。カードに書いて持ち歩いても、持ち物に直接書いてもOK。

百万個のトラプスお守りが『MyBirthday《マイバースデイ》』読者に！

ぼくが二十歳になった頃、『マイバースデイ』（一九七九年四月創刊／ティーン向け占い情報月刊誌／実業之日本社刊・説話社編集）が創刊された。新しい雑誌なら、ぼくが興味を持った運命の方程式のおまじないをわかってくれるかもしれない、と思い、「マークの魔女入門」を投稿したんだ。

それが採用されて、原稿料をもらえるようになって、ぼくはとてもうれしくて、読者のみんなに恩返しをしたいと思った。

そこでマンスリーホロスコープ「毎日の占い」の中のプレゼントで、当時、得意だったアクセサリー作りの特技を活かして、魔方陣を刻印した手作りのトラプス・ペンダントをみんなにプレゼントすることにした。

三十個のプレゼントに三千名の応募があって、急きょ二十個、再プレゼントしたんだけれど、それにもたくさんの応募があった。それならば応募してくれたみんな全員にプレゼントしようという話になり、一九八二年四月にトラプス・ペンダントの全員プレゼントが始まった。

最初の手作りペンダントは、トラプスの魔方陣を、一文字ずつ手で刻印していたのだけど、応募者全員プレゼントだと、どれ位の読者が応募してくるか分からないので、魔方陣は型押しすることになった。その代わり応募してくれた人のイニシアルを刻印することにした。

応募してくれたのは、なんと五万人もいて、一人で刻印するので、最後の刻印が終わるのはその年の暮れとなってしまった。その後の企画でも、読者から十万通の応募があったりした。

トラプスの魔方陣はリングやブローチ、キーホルダーなどいろいろと形を変えてトラプスグッズとして誕生し、ＭＢおまじない幸運グッズとして『MyBirthday』誌上で通信販売されるようになった。そこから「魔女っこハウス」や通販サイトの「ハピタマ」、イベントルーム「ちえの樹」（二〇一九年終了）へと発展してきたんだ。

いろいろな形となったトラプスは、魔女っこハウスができた頃には、百万個を超えたと聞いていたので、今では二百万個くらいが当時のみんなの元に届いているのだと思う。トラプスをつけてくれている芸能人もいっぱいいるけれど、ぼくがいちばん気になっているのは、あの最初の手作りした、手彫りのトラプス・ペンダントだ。今でも持っている人がいたら、ぜひ連絡してほしい。

幸運の「護符」

おまじないの成り立ちから、現代に生きているおまじないまで、いろいろな話を紹介してきたが、おまじないのすごさと魅力が、こんなに歴史がある素敵な伝統に包まれていることが、おわかりになったことだろう。

具体的に、あなたたちが迷ったとき、助けを求めるとき、誰かを幸せにしたいときなどに、お願いできるおまじないが、次の章で、たっぷり紹介されている。より具体的な内容別レシピを見てほしい。

ここでは、一般的な、誰にでも簡単にできる幸福を呼ぶ、おまじないをお伝えしよう。まず、最初のおまじないは「護符」。本来は短冊に切った半紙に墨と筆で書くものなのだけど、名刺大のカードにペンで書いても効果あり。ただし護符を書くペンは新品か、おまじない専用のものを用意してほしい。

図の護符は「勅令」と「急急如律令」という文字の間に、「地天泰」という易の卦を記したもので、オールマイティーの願いをかなえてくれる幸運の護符だ。

「勅令」と「急急如律令」は、その間に書いた象徴や願いを表す言葉のパワーを召喚する呪文で、「天火同人」の卦を記せば、人と人との絆を強める護符。「風火家人」の卦を記せば、家庭運や結婚運を強める護符。「風雷易」の卦は、利益や金運を引き寄せる護符。

「地雷復」の卦は、失ったものを取り戻すリベンジの護符となる。

「安鎮心」という言葉を挟んだ護符は、緊張や不安を鎮め、平常心を取り戻させてくれる護符で、「安鎮心」の代わりに「家内安全」や「無病息災」「願望成就」などの言葉を書くと、それぞれの願いを

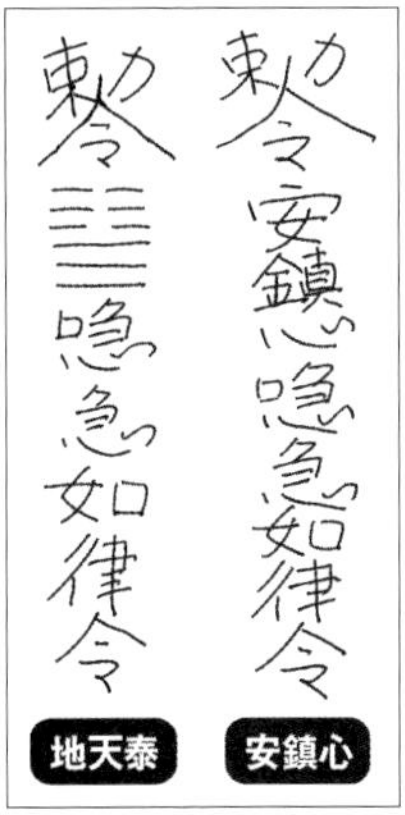

かなえる護符を作ることができるのだ。

女子力を高める「お守り」

護符の次は、お守りのレシピをお伝えしよう。

たとえば、恋愛運をよくするには、小さなジップ袋や巾着のようなものに、あなたの魅力や女子力を高め、恋のチャンスを引き寄せるパワーストーンの**ローズクォーツ**と、あなたに華やかさと明るさと、恋のモテ期を運んでくれる**バラの花びら**。そして恋のチャンスや御縁を引き寄せてくれる、**金星**のシンボル「♀」を書いた小さな紙を入れてお守りにしよう。

この他にも**ガーネット**は家庭運や結婚運。**アメジスト**はスキルアップや才能開花。**タイチンルチル**は健康や生命力アップと立身出世。**虎目石**は金運や利益。**ラピスラズリ**は幸運を引き寄せ不運を遠ざける。**水晶**は物事の安定や調和と浄化作用の働きがある。

ラベンダーは心の癒やしと冷静さを与え、**レモングラス**は心のリフレッシュ。**ミント**は思考回路を覚醒させて、**ローリエ**は仕事や物事の成功と繁栄。**サフラン**は健康と富や豊かさ。**ニンニク**は悪い運気や悪意から身を護る働きがある。

惑星記号の**太陽**は、元気と明るさ。**月**は、女子力アップや優しさと魅力アップ。**水星**は、知識や経済、コミニュケーション。**金星**は、魅力アップや恋愛、楽しみごと。**火星**は、力や勝ち負け、行動力。**木星**は理想や幸運、願望成就。**土星**は忍耐、精神力、試練を乗り越える力を与えてくれる。

これらのお守りの要素を組み合わせて、自分のお願いに合わせて袋や巾着に入れれば、あなたのお願いにピッタリの、オリジナルのお守りを作ることができるのだ。

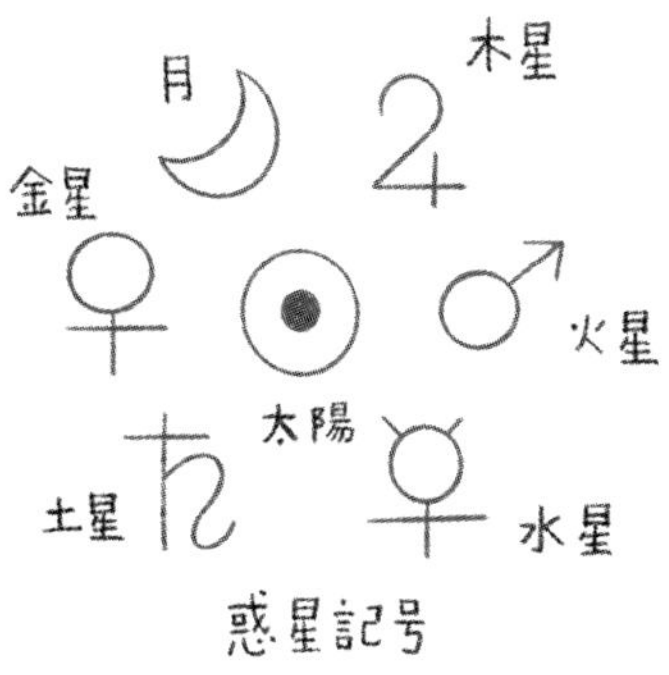

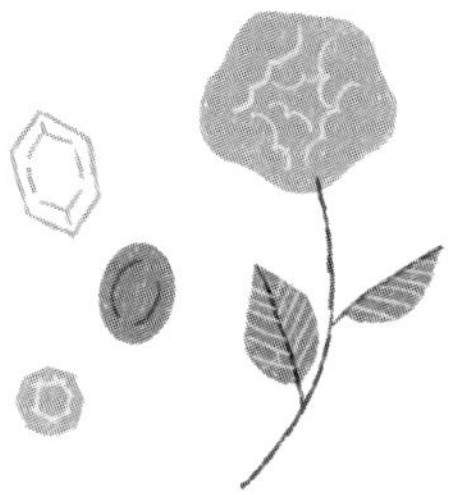

手作りお守りのヒント「ボトルタリズマン」

今、ぼくがハマっているおまじないグッズはオルゴナイト。実は数年前から、夏の癒やしフェアでオルゴナイトをみかけるようになり、少し気になってはいたのだ。樹脂で固めたピラミッドや球体の中に、パワーストーンや金属製の造形物のようなものがたくさんつめられていて、とても不思議なお守りだと思っていた。

実はこのオルゴナイトの原型のようなものを、その昔、見たことがあった。それは南米のインディオのお守りで、小さな瓶に、小石や木の実や金属製の蹄鉄やコインやスプーンなどの縁起物が目一杯つめられていて、聖油でオイル漬けにされているもの。

たしか「ボトルタリズマン」という名前で、渋谷の輸入雑貨店で売られていたと思う。いろいろな縁起物がつまっていて、学生だったマークは、とても興味を持ったけど、中の聖油が妙なにおいがして、瓶から縁起物を取り出す気にはならなかったことを思い出す。

でもあれがマークのお守り作りの原点で、お願い事に合わせて、それをかなえる意味のある縁起物を組み合わせ、お守りを作る発想は、あのボトルタリズマンから生まれたのだ。

オルゴナイトとトラプスの二重パワー

ところでぼくが今まで見てきたオルゴナイトは、みんなすでに完成しているもので、それを身につけた人が、オルゴナイトのオルゴンパワーで、幸せになれるというものなのだ。

でも、願い事は人それぞれだし、それぞれの人のその願いに合わせて、願いをかなえる縁起物を組み合わせた、その人の、その願いのためのオリジナルのオルゴナイトを作りたいと思い立った。

現在の幸運のオルゴナイトチャームは、みなさんのお願い事を受けつけて、それに合わせて霊石やおまじないモチーフを組み合わせ、それにオリジナルのトラプス・コイルを入れて作っている。

このコイルはトラプスの魔方陣とアルミ棒、二重らせんの銅線とを組み合わせた特別のコイルで、レモン果汁をかけて聖別すると、なんと電気を発電するんだ。

ぼくは、このトラプス・コイルの電気こそ、オルゴナイトのオルゴンパワーを引き出し、中に封じ込めた霊石や縁起物の力を一つにまとめ、ご縁や幸運を引き寄せて、願い事をかなえるための原動力となる大宇宙の不思議なパワーだと思うのだ。

この幸運のオルゴナイトチャームは、一つ一つ手作りで、あなたのために心をこめて作っているので、ぜひハピタマで見てほしい。

月の呼び名

章の終わりに、月の話をしよう。月は異界への入り口だという。

おとぎ話のかぐや姫は、満月の晩に天女のお迎えがきて月の世界へと帰って行ったけど、昔の人にとって満月は、この世とあの世を結ぶ異界への入り口という考え方があったようだ。日本ではお盆の時期を「地獄の釜のふたも開く」という言葉で表現するけれど、あれは夜空にぽっかりと開いた月の満ち欠けが、まるで真ん丸なお釜のふたが少しずつずれて、やがて外れてお釜の入り口がぽっかりと開いた状況を表した言葉なのだろう。

またヨーロッパやアメリカの人たちも、満月の日は夜空に開いた白い穴から、異界の力が地上に降り注ぎ、季節の変化や特別な現象を引き起こすと考えていたようだ。

そのため、月の魔力で、人間が狼に変身するというヨーロッパの人狼伝説や、満月の光によって季節の変化がもたらされるという、ピンクムーンやストロベリームーンという、ネイティブアメリカンの満月の呼び名が生まれた。世界に伝わる月の呼び名を紹介したい。

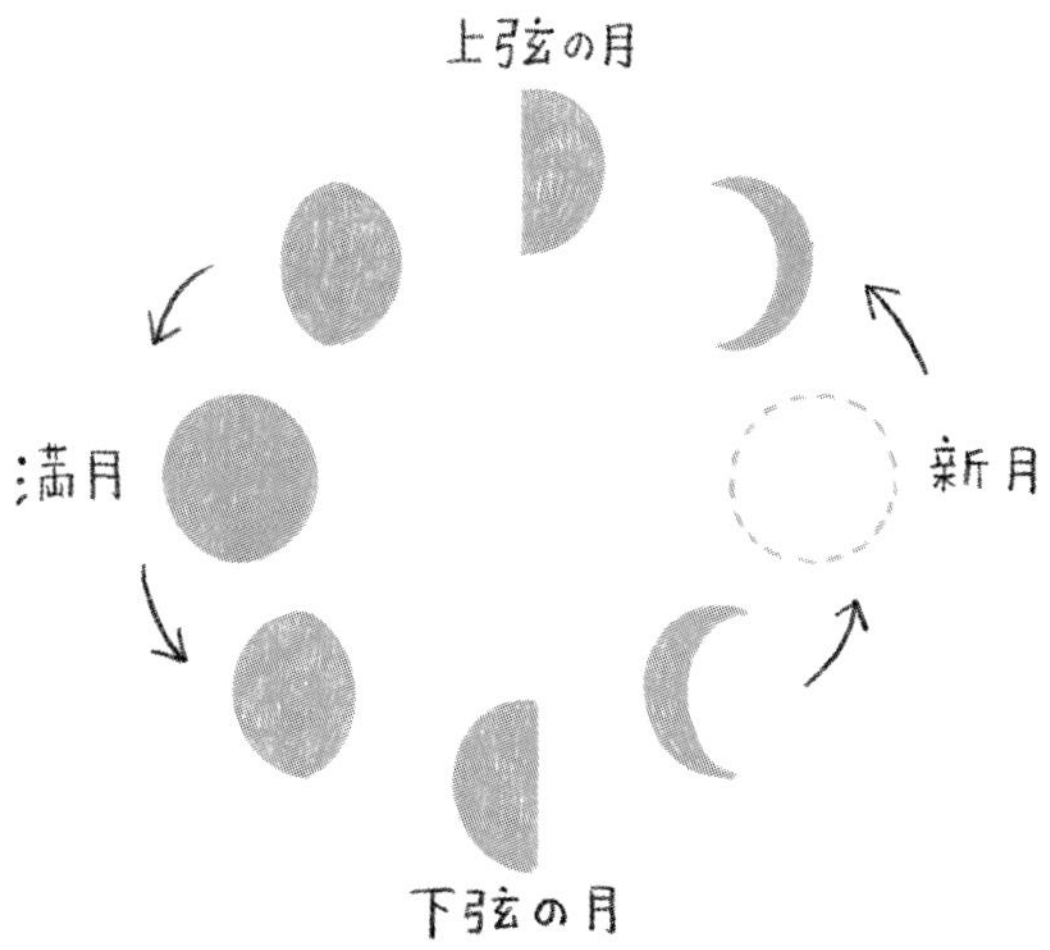

ブルームーンとブラックムーン

「ブルームーン」とはいくつか定義があるようだけど、簡単に言うと一ヵ月に満月が二度ある月の、二度目の満月をブルームーンと呼んでいる。

昔は太陰暦と言って月の満ち欠けを基準にしていたので、新月は朔日《ついたち》（一日）、満月は十五日と決まっていた。しかし天文学が発達して太陽暦に切り替わると、その誤差によって数年に一度、満月が二度ある月がある。

満月は地上に幸運や変化をもたらす特別な月なので、その満月が二度あることは、おめでたいことであるとされ、このブルームーンを見ると幸せになれると言われている。

また同じように新月が二度ある月も、数年に一度めぐってきて、その二度目の新月を「ブラックムーン」と呼び、物事が新しく生まれ変わる、再生の力を持つ特別な月とされている。

英語で「once in a blue moon」は「極めて稀なこと」という意味の言葉で、ブルームーンもブラックムーンも、とても珍しい現象なので、それだけでも幸運のシンボルだとされているのだろう。

次のブルームーンは２０２０年10月31日、２０２３年８月31日。次のブラックムーンは２０２２年5月30日、２０２４年12月31日。

スーパームーンとミニマムムーン

「スーパームーン」とは、一般的には、月と地球の距離が最も近い位置に来る満月のことを言い、この日は地上に与える月の力が最も強くなると言われている。

月が地球を回る周期は、およそ四百十一日で、約十四回に一度の割合でスーパームーンの満月が現れるんだ。

月は地上にいろいろな影響を与えているのだけれど、一番大きいのが、潮の満ち引きと体内時計。新月と満月の日は、大潮と呼ばれて海の干満の差が大きく、女性の生理や人の誕生や生き死ににには、月の引力が大きく関わっていると言われている。

占星術では、月には心や精神、メンタルな部分の意味が与えられているのだが、統計によると、満月の日は気が大きくなったり、感情が昂ぶったりする傾向が強く、交通事故や犯罪の件数が増加するとも言われている。

スーパームーンは、その月の影響が最も強くなるというのだから、ある意味、注意しなくてはいけないのかな。でも感情の高まりや感性が強く引き出されるという意味では、恋愛や芸術活動にはもってこいの日とも言える。なので、このパワーをうまく使うとよいのかな。

さて「ミニマムムーン」とはスーパームーンの反対で、月と地球の距離が最も遠い位置での満月のこと。スーパームーンの意味合いからいくと、ミニマムムーンは、月の影響がいつもより弱くなるので、精神的な不安や心の不安定さが出てくるかもしれない。

次のスーパームーンは２０２１年5月26日、２０２２年7月14日。次のミニマムムーンは２０２０年10月31日、２０２１年12月19日。

ピンクムーンとストロベリームーン

アメリカの原住民であるネイティブ・アメリカンの人たちは、月をこの世を産んだ大いなる母なる存在と考えている。その月の光によって、地上の大自然の中に宿るたくさんの命や精霊たちに、大きな影響を与えていると思っているんだ。そして、その月の光が最も強力になる満月の影響によって季節が変わり、その時々の大自然の恵みを与えてくれる、と考えていたんだね。

ネイティブアメリカンの人たちは、満月ごとに大いなる母なる月の恵みに感謝して祭りを開くんだ。そして、その時々の満月に、「いちごの月」とか「ヘラ鹿の月」というように、その土地の、その時期の季節や恵みを表す言葉を月の名前として名づけていたんだ。

とくに、カナダ東部に住むネイティブ・アメリカンのアルゴンキン族は、月を生活の基準の暦としてさまざまな記録や伝承を残し、それが満月の呼び名として今に残っている。最近、話題のピンクムーンやストロベリームーンは、そのアルゴンキン族の満月の呼び名なんだ。

「ピンクムーン」は四月の満月。四月は大自然に花が咲き、ピンク色に染まるのでピンクムーン。

「ストロベリームーン」は六月の満月。六月は、草原に自生するいちごの実が赤く熟す収穫のときなので、ストロベリームーンなのだとか。

大自然に恋が芽生える四月のピンクムーンに恋のお願いをかけると、いちごの実が熟すように恋も熟して、六月のストロベリームーンまでに恋が成就する、という言い伝えもある。来年のピンクムーンにはぜひ試してほしい。

皆既月食とブラッドムーン

満月は、月と太陽が地球を挟んでお互いに向かい合うときに起こる現象だ。そして、その三つの星の中心軸がちょうどピッタリ重なったときに、地球の影が月に重なって月の光が途絶える「皆既月食」という現象が起こるのだ。

この地球の影が月にかかっている間、太陽光線の中でも波長が最も長い、濃い赤い色の光だけが地球の陰をまわり込んで月に届くので、月が血のように赤く輝いて見える。この皆既月食の間のわずかの時間、血のように赤く輝く満月を「ブラッドムーン」と呼んでいるのだ。

占星術でいうと、満月は太陽と月が百八十度の角度を作るオポジション（真反対）のアスペクトなので、人間でいうと、心と体が相反する緊張状態。自然界に例えると安定を保とうとする力と、何か変化をもたらそうとする力の、相反する力がぶつかり合って、大地や自然界に大きな歪《ひず》みが現れている状態と言える。

そのため、このブラッドムーンが見える地域では、大地震や天変地異などの自然災害や、人の心が混乱しての暴動や殺人などの大事件が起きるとされている。そんなわけで、ブラッドムーンは血塗られた月として恐れられていたんだ。

星占いでは、オポジションはお互いに異質な緊張関係だけど、相手を受け入れて、自分にないものを相手に補ってもらえば、相乗効果で大きく発展できるという意味もある。だから、自然の変化を受入れて、うまく応用する柔軟性を心がければ、ブラッドムーンはそれほど怖い暗示ではないかもしれないよ。

次の皆既月食とブラッドムーンは、２０２１年5月26日、２０２２年11月8日。

コラム おまじないは世代を越えて

マークは各地のイベントで「昔、『マイバースデイ』を読んでいました」とか「子どもや孫と今でもおまじないをやっています」というお声をよく耳にします。

その中でも心に残っているのが、ある女性の話。娘さんが中学校でイジメにあったとき、大切にしまっておいたTRAPSのペンダントを渡し、「これは人間関係のお守りだから、何かあったらこのペンダントに祈って、笑顔を忘れないように」と話したところ、そこから少しずつお友だちができた。卒業するころには、クラスの人気者になっていた……という話です。

そして今ではその娘さんも二児の母となり、小学生の上の子が人見知りが激しく、娘さんから「お母さんにもらったあのお守りペンダントを娘にあげてよいか」と相談されて、もちろんOKして、昔『マイバースデイ』に載っていたおまじないも教えてあげたら、孫にもお友だちができた、ということでした。

こんなふうにおまじないは母から娘へ、そして孫へと世代を越えて受け継がれていくものです。マークも子どもの頃は何かあるたびに、母からおまじないをいっぱい教わりました。

おまじないは家族や知り合いの幸せや安全を願う親心や母心から生まれ、伝えられてきたものです。このおまじないの優しい思いやりの文化が、これからも世代を越えて伝わり続けてほしいとマークは願います。

第2章

願いをかなえる
レシピ126

心に「愛」を抱いて
～おまじないの心得

　今から三十年以上前のおまじないブームのとき、「白魔術」と「黒魔術」という言葉があった。白魔術は人を幸せにするよい魔法で、黒魔術は自分の欲望を満たすだけの悪い魔法だと言われていました。しかし、ぼくの師匠のルネ先生からは「白魔術も黒魔術も魔法に変わりはない。違うのは、それをかける人の気持ちなんだ」と教わった。

　つまり同じ魔法やおまじないでも、それをかける人の気持ちによって、白にも黒にも変わってしまうのだ。

　マークが教えるこのおまじないレシピは、本来は家族や仲間や周囲の人の幸せや安心安全を願う気持ちから生まれ、伝わってきたものたちを、現在の要素を加えたり、置き換えたりしたもの。なので、このおまじないたちは、人を呪ったり、わがままや欲望を満たすためのものではない。

ルネ先生の教えではないが、おまじないは心で願いをかなえるもの。おじいちゃん、おばあちゃんが家族や孫の幸せを願うように、お父さん、お母さんが子どもの成長や安全を見守るように、そして、あなたが友だちや恋人との友情や愛情を大切に育もうとするように、そのおまじないに込める心に必ず「愛」がなければ、おまじないはかなわないと思う。

どうぞこれから教えるレシピたちを実践するときは、心に「愛」を抱いておまじないをかけてください。その愛の力こそが、ぼくが伝えるおまじないのパワーのみなもとなのだから。

それでは、このおまじないたちが、あなたに幸せをもたらしてくれますように。そして、その幸せが誰かの新しい幸せを生んで、みんな一緒に幸せになれるよう、心から祈っているからね。

幸運をつかむ

1 ご縁に恵まれる
良縁の護符

見合いで素敵な男性と結婚したいと考えているが、持ち込まれた話はどれも今一つで、なかなかよいご縁に恵まれない。そういうあなたは、図の護符を書いて部屋の鏡の裏に貼っておこう。そして毎朝「素敵な縁が結ばれますように」と祈る。そうすればきっと、よい縁談の話があり、幸せな結婚ができるはず。

2 ジャンケンに勝つ
「勝」の文字と呪文

ジャンケンをするとき、左の手のひらに右の人差し指で、「勝」という文字を書いて、「ボロン・ボロン・ウン」と呪文を唱えながら、指で左の手のひらを三回丸くなぞります。そして左手を握りながら勝ちを強く念じてジャンケンポン。きっとあなたが勝ちのはずですよ。

3 勝負運が強くなる
強運のジョーカー

何をするにも、すごく真剣。他人には絶対負けたくないという負けず嫌いのあなたにもってこいの勝負運の強くなるおまじない。トランプのジョーカーを赤の折り紙で包んで胸のポケットに入れておけばよい。そうするとツキが訪れて、必ずいい結果をもたらすはず。

4 落ち込みから逃れる　てのひらに呪文

よくないことが起こるとすぐに落ち込んでしまうあなた。いつも落ち込んでばかりいては駄目。今日はどうもツイてないという日、落ち込まずに明るくなれるおまじないがあります。左の手のひらに「禍・消・転・福」という呪文を１字ずつ書きます。そして**その手をぐっと握って**お願いしよう。そうすればツイてないことなんて忘れて明るくなれます。

5 幸せを呼ぶ　小さな手鏡

最近ツイてないことばかりでもういや、贅沢は言わないから私も人並みに幸せになりたいというあなたに、幸運を呼ぶおまじない。**小さな手鏡に福という字を赤で書いて**、それをあなたの部屋の**北の壁の高いところ**につけておいて。そうすれば今までの運が逆転して幸せがやってくるのです。

6 計画が流れない　小指の十字架

うれしいことってつい人に話したくなってしまうもの。でもせっかく楽しみにしていた素敵な計画、ビッグなプランを他人に話すとその計画がダメになってしまう。そんな悲しいジンクスを破るためには、**両手の小指を立ててそれを十字架の形に重ね合わせよう**。そうすれば計画もうまくいき、あなたもエンジョイできます。

7 一人ぼっちの誕生日

魔法のステッキ

「去年の私の誕生日、友だちをたくさん呼んで楽しくやりたかったのに風邪を引いちゃって何もできなかった。今年は楽しい誕生日にしたい」。それならいい方法があります。**金の折り紙で小さな星を作り、爪楊枝《つまようじ》の先につけ小さな魔法のステッキを作る。**そしてそのステッキを**カレンダーの自分の誕生日の上に**セロハンテープで貼っておく。きっと楽しい誕生日になるはず。

8 変わり映えのない毎日

素敵なことを連れて来るお祈り

最近生活に変化がなくてつまらない、そんなあなたに素敵なことが起こるおまじないです。**夜寝る前に今日1日起こったことを頭に浮かべ**「神様、今日は楽しい思い出をありがとうございます。明日はもっともっと素敵な日になりますように」と**祈ってから眠りに就こう。**これを毎日続けて。そうすればきっと楽しい出来事がたくさん起きるはず。

9 運の悪いことが続く

鼻の頭に人差し指

自動販売機でジュースを買ったらお釣りが出てこない、階段でつまずいて転んだり、楽しみにしていたコンサートに突然お腹を壊して行けなくなったりと運の悪いことが続くことってありますね。そんな時は決してイライラしてはいけない。**鼻の頭に右手の人差し指を乗せて、「クリック、クリック、クリッキー」と呪文を唱える。**ツキが変わっていいことがあるはず。

10 突然の雨
傘に入れてもらえる呪文

会社の（学校の）帰り道、突然の雨。傘は持っていないし、早く帰りたいのに困ったなという時は、誰かが傘に入れてくれるとラッキー。そんなチャンスがやってくる方法。**両手を広げて天のしずくを手に受けながら、「愛の魔法使いメリーポピンズ様、あなたの傘に私も入れてください、ビビディバビディブ」と唱える。**きっと誰かが傘に入れてくれます。

11 凶運をはねのけろ
幸運に転じる呪文

今年は何をしても駄目、と言われてしまい悩んでいる、というあなた。気にしないのが一番だけれど、凶運をはねのけるおまじないがあります。**神社の御手洗《みたらい》で汲んだ水で墨をすり、その墨で図の護符を書き写す、そして、それを大切に持っている**と護符があなたの凶運をはねのけて、幸運に変えてくれるはず。

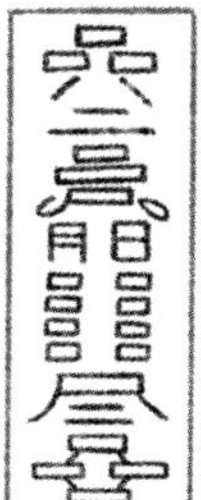

12 ツキを取り戻す
くるっと回って

最近ずっとツイてない！　と思っているあなた、今日こそツキを変えてやるぞ、って素敵な1日を取り戻そう。**電車やバスに乗る時にドアに手をかけ、くるっと回って背中から入ってごらん。**いつもと反対の動作をすることがツキを変えるおまじないになります。

13 玉の輿にのりたい　女王のタロット

友だちが突然、資産家の息子さんと結婚する、今では幸せに裕福そうにしている、そんな友だちが羨ましい、と思っているあなた、玉の輿に乗るおまじないがあります。タロットカードの女王のカードを白い封筒に入れ、その表に赤いサインペンでラブビーナスのシンボルを書いて、枕の下に敷いておこう。きっとチャンスがやってきます。

14 1年の幸運　道六神様※

初詣に出かけて1年の幸運をお願いする時、出かける前に玄関先に履物を揃えてパンパンと二つ柏手を打って、心の中で「道六神様、今年もお守りください」とお祈りしてから出かけよう。道六神様があなたの行動を見守ってくれます。だからきっと1年、ケガや交通事故から守られて、外出先で楽しい出会いや幸運がいっぱい訪れるはず。

(※道祖神のこと)

15 忘れ物をなくす　赤ペンメモ

「忘れ物の女王様」なんて言われたことない?うっかり忘れ物しないよう気をつけるおまじない。翌日忘れたら大変だというものを、親指の下の膨らんだところに赤いペンでメモしておいて。忘れずに持って出られます。

16 楽しい日が続く　明日○○になぁれ

楽しいことがあった後って、なんだか寂しくなるよね。明日もこんなに楽しければいいなと思う日は、寝る前に今日出会った人たちや楽しかった出来事を思い浮かべて。「神様今日一日たくさんの楽しい縁を結んでいただき、ありがとうございました。どうぞ明日も楽しい日になりますように」と祈ろう。きっと明日も楽しい日になるはず。

17 願い事がかなう　風の女神の呪文

女の子は夢や希望や願い事がたくさんありますね。そんなあなたのために願いをかなえてくれる風の女神の呪文を伝えよう。まず右手をまっすぐ上に上げて、人差し指を立てて天を指す。そして風神に向かって「アカシャグァバー」と風の女神の呪文をかけてみます。願いはきっとかなうはず。

18 なくし物をしない「心」を結ぶ5円玉

物忘れが多く、いろんなものをすぐになくしてしまうあなた。忘れ物をしないためには、まず半紙を細長く切って、黒のマジックで「心」という字を書く。そしてこよりにして、大晦日の晩にパジャマの第二ボタンの穴に結んで「心こそ、心惑わす心なれ、心に心、心許すな」と呪文を唱え、元旦にそれを5円玉に結び、おさい銭にすると、なくした物が見つかるはず。

19 内気で消極的なあなた　行動のローズマリー

消極的なあなたにやる気と勇気と成功を与えてくれるローズマリーのまじないを伝えます。夜明け前にガラスの小瓶に朝露を集めてくる。朝になったらポプリを太陽にかざし、朝露をふりかけて「朝風の精はわが体を、朝露の精はわが心を、朝日の精はわが魂を、清め育み、高めたまえ」。そしてポプリの香りを嗅ぎながら、「〇〇できますように」と願い事を唱えます。

20「返して」といえない　返済の呪文

会社の同僚に3万円貸してあるのに「返して」の一言がなかなか言えないでいるあなた。きっと優しい人なのだと思うのだけど、やっぱり3万円は大金だ。ちゃんと返してもらわないとね。標本店などで、つの貝を手に入れよう。それを銀のマーカーペンで塗って赤い小袋に入れて会社に持っていこう。そして「アグロンよ、牙をむきたまえ」と唱えれば、相手の態度が変わります。

21 さまざまな願い事　月夜の水鏡

月は、だんだん形が変わっていくから、発展とか消滅とか変化という意味があります。そこで月のオールマイティーなおまじないをご紹介。洗面器に水をはり、水鏡に映った月の上に願い事を、墨または黒の油性マジックで書いた紙を浮かべて祈れば、新月から満月までの14日の間に恋や友情の発展、満月から新月までの14日の間にはトラブルや噂を消滅させることができるのです。

22 全能の神のツキ
テトラグラマトンの方形

最近ついていないとか悪いことばかり起こるなら、**まず黒いラシャ紙を1枚用意してそれを名刺大の大きさに切り、カードを作る。そして金のマーカーペンで図のテトラグラマトンの方形を書き写そう。**このテトラグラマトンの方形は、全能の神の力が込められた魔法陣だから、これを大切に守っていれば、きっと君を不運から守り、希望や幸運をかなえてくれるはず。

T	E	T	R	A
E	M	O	G	R
T	O	N	O	T
R	G	O	M	E
A	R	T	E	T

23 相手におねだり
おでこテレパシー

あれもこれも、欲しいものがいっぱいあるあなた。願い事を相手に伝えるテレパシーを試そう。向こうから願いを聞いてくれます。まず遠くから相手のおでこを見つめる。**そしてテレパシーで「カフェ、カシタ、ノン・カフェ、エト・ブブリア、フィリエ、オムニバス、サイズ」とおねだりしたいものを思い浮かべながら、**相手に近づき、おねだりの雰囲気を出す。

24 願い事の変更
書いた紙を焚き上げる

お守りを使って多方面でいろいろな願い事をかなえてほしいなんていう、欲張りなあなた。**願い事を書いた紙を開運成就のお守りに入れて持っていよう。**そうすれば願い事がオールマイティーにかなえられるはず。そして願い事を変更したい時は、以前に願い事を書いた紙はお焚き上げしてしまえばＯＫです。

25 なくし物が見つかる
天地亀甲の護符

なくし物をした時は「清水の音羽の滝は尽きるとも、失せたるものの、出ぬはずはなし」という和歌を唱えながら探してみよう。すごく大切なものをなくした場合は、ノート（メモ帳）の端を切り取って、図のような天地亀甲の護符を書き、真ん中に赤いペンでなくしたものの名前を書き、それを胸ポケットに入れて「清水の……」と唱えながら探すと、なくなっていた大切なものが出てきます。

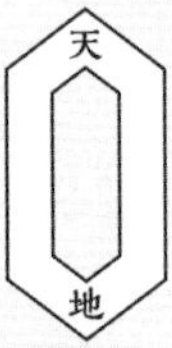

26 ニコニコ返済
「勝」の文字

ずっと前に貸したものをまだ返してもらえないでいるあなた。しつこく「返してよ」とも言えないところがつらい。そんな時は、手のひらに「勝」という字を指で書く。そしてその手をぎゅっと握りしめて「○○を返して」と相手を思い浮かべてテレパシーを送ってごらんなさい。その後に相手に電話をして、「それ、きょう、使いたいから……」と言えばきっと返してもらえます。

27 懸賞に当たる
はがきのまじない

懸賞に何回応募しても当たらないというあなた。くじ運が悪いなんて諦めないで、このおまじないをやってみてください。まず応募ハガキの縁をサインペンで赤く塗る。そして「懸賞が当たりますように」と祈ってから、君の家の南にあるポストに投函しよう。当たる確率が2倍になるはず。

28 「はずれ」を遠ざける　幸運の呪文

福引ってドキドキ、ワクワクしますね。「特賞ハワイ」を夢見たりして……。でもいつも粗品ばかりで情けない、と思っているあなた、**抽選の機械のレバーを回す時に、自分がほしい商品を思い浮かべて心の中で「ポロン、ポロン、ウン!」と呪文を唱えてごらん。**きっといい商品が当たって、はずれのポケットティッシュを抱えて帰らなくてすむはず。

29 願い事かなう　グラスおみくじ

喫茶店で冷たい飲み物を注文した時、願い事があるあなたは、このおまじないをやってみよう。**まずストローの包み紙に自分の願い事を書く。そしてそれを図のようにおみくじのように折ってグラスに貼ろう。**この時グラスが汗をかいているほど、よくくっつきます。その飲み物がなくなるまで紙がくっついていれば、近いうちに願い事がかなう。

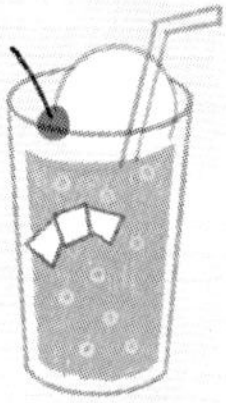

30 幸運のドアベル

どうもツキがない、幸運に見放されているのかしら、そう思ったことはないかな。幸運を呼び込むおまじないをやろう。**大きめの鈴を青いリボンの両端につける。これをあなたのドアのノブに結びつけよう。**ドアの開け閉めのたびに、青いリボンの2つの鈴が快い音を奏でるはず。この音が鳴るたび、あなたの部屋に幸運が舞い込んでくるというわけ。

31 イベントを成功する
方位記号

みんなで何か出し物をする、なんていう時は誰だって成功したいと思う。そんなあなたの願いがかなうおまじないを紹介しよう。まず折り紙**に北を指す方位記号を書いておく。そしてその折り紙で船を作る。その船にお願いを書いた紙を乗せて川に流す。**近くに川がない場合は、池でもOK。みんなが力を出し合ってイベントは大成功。一生の思い出になること間違いなし。

難を遠ざける「不運封じ」

32 急いでいる時ほど電車が遅れる
時計の針をぐるぐるなでる

事故や故障などで電車が動かなくなってしまった時は**「時間が早く流れますように」と願いを込めて、時計の針を時計回りにぐるぐるなでましょう。**デジタルの場合でも、針があると思って同様に。遅れを取り戻し、物事がスピーディーに進みます。

33 傘を忘れた時に限って雨が降る
「龍」の文字の威力

傘を忘れたことに気づいたらすぐに、**てのひらに「龍」という字を3回書き、ぎゅーっと握ります。**龍は水の神である龍神様を表しているので、水の難を守ってくれるという意味があります。雨に降られない、濡れないというだけでなく、川に落ちないなど水難よけにも。

34 電車の中に忘れ物
呪文を3回唱える

電車に乗った時に「あとみよそわか」という呪文を３回唱えましょう。これは電車以外でも乗り物に乗った時に唱えると、なくし物や忘れ物をしなくなります。

35 赤信号にぶつかる確率が高い
リズムを変える

歩くタイミングを変えてみましょう。人間には元々リズムがあるので、タイミングの悪いリズムに一度ハマると、それが崩せず、悪い事が頻繁に起きてしまいます。例えばいつも右足から出していた足を、左足に変えてみるなど、自分のくせを逆にすることで、意識の変化を促し、悪い運命との繋がりを遮断します。

36 すっぴんのとき好きな人にばったり
親指のつけねの金星丘

すっぴんでも彼に好印象を与えられる恋のおまじない。彼にばったり会ってしまった時は、左の親指を折った手で軽く手を振り挨拶を！その時、「いい雰囲気が伝わりますように」と願いを込めて思い切り笑顔を見せて。親指のつけ根は金星丘といって、人気や魅力を相手に伝える手相です。ここが膨らんでいればいるほど、周囲に魅力をアピールする力があるので、指を折ることでハンドパワーをかけて、彼にいい印象を送りましょう。

37 出がけに邪魔が入る　6枚の5円玉

5円玉を6枚用意し、穴にひもを通して結んで束ねるか、ティッシュに包んでポケットに入れ、外出の準備をすると誰にも邪魔されず、スムーズに身支度が可能。なおかつ外に出るときも、お守り代わりに持って入れば、旅の安全や自分の身を守ってくれます。

38 金欠の時に友だちの結婚式が！　福を招く大入り袋

ご祝儀袋よりも一回り大きな封筒を用意し、そこに、「大入り」という文字を書きます。そして「福が戻ってきますように」という願いをこめて、その中にご祝儀袋を入れておきましょう。式当日は、見えないように大入り袋から取り出して。幸運がいっぱい溜まっている大入り袋を持っていることで、結婚式を挙げた友だちの福や運が、あなたのもとに幸福のおすそ分けとして入ってくるでしょう。もしかしたら次はあなたの番かも！

39 車に傷が！　外敵排除のバラのとげ

トラブルや悪い魔を排除し、寄せつけないためのおまじない。これは魔除けの効果のある薔薇のトゲを9個集めて小さい箱や巾着などに入れ、お守りとして車の中に置いておきましょう。9という数字には、外敵を排除する、またははねのけるという働きがあります。他にも魔除け効果がある鏡や牙を、車のどこかに厄除けとして飾っておくと、敵を跳ね飛ばし、災難から身を守ってくれるでしょう。

40 約束をドタキャンされる
持ち物に念をこめる

お互いに相手のグッズや身につけているものを交換しておきましょう。約束の日に相手の持ち物をしっかり握りしめ、「裏切らないでね」と念を込めて、待ち合わせの場所で待っていれば、自分の思い通りに相手をコントロールできます。恋人同士の場合も、彼の持ち物を持つことで、自分の手中に入れて縛ることが可能に。

41 相手の返事がこない
ダイヤルゼロの呪文

合コンでアドレスをゲットしても返事が来ない……メールを送る前に、0を押して受話器に向かい、「ダイヤルゼロはラブのオー」という呪文を唱えてから一回クリアします。その後メールを送ると、早速彼からうれしい返事が！

42 気に入った服が見つからない
無限大の8の字

洋服を探す時には、小指側の手首のすぐ上にある膨らみ部分で、芸術的センスを表す月丘と呼ばれる場所を、無限大を意味する8の字を書きながら、探しましょう。すると無限のパワーが引き出され、自分にぴったりの洋服とめぐり合うことができます。

43 おつりを間違えられる　5円玉に紅白の紐

悪い金運を排除するには、財布の中に自分の生まれた年の5円玉に紅白の紐を結び、金運アップのお守りを作成。これは自分に縁が強いお金なので、その円に引き寄せられて、お金が増えるという意味から「お種銭」と呼ばれています。人に財布を贈る時も、相手の生まれ年の5円玉を入れてあげると、彼女（彼）は損をすることなくよい買い物ができます。

44 自分の誕生日いつも一人　ジョーカーに念を

誕生日が近くなったら、**トランプのジョーカーに、友だちがたくさん集まるようお願いしましょう。**ジョーカーは、オールマイティーな力を持っているので、自分の伝えたいことを、相手の心の中に染み込ませることができます。また、恋人同士の心と心を結びつけたり、気持ちを伝えてくれる働きも。相手がいる人は、相手の写真と一緒に、ジョーカーを持って念を込めると、あなたの気持ちはきっと彼の心に伝わるはず。

45 欲しい商品に限って売り切れ　釣り針マーク

お店に入る前に「欲しいものが見つかりますように」「売り切れていませんように」と願いを込めて手のひらに、「J」（つり針のマーク）を書いてからお店に入るとのぞみがかないます。つり針は古代のまじないで、豊かさの象徴として、富や欲しいものを手に入れるお守りに使われていました。どうしても欲しいものを手に入れたいという人は、本物のつり針をお守り代わりに持っていると、より効き目がアップ！

46 レジに並ぶといつもトラブルが！

トラブルが起こるのは魔が邪魔している証拠。レジに並んだ時は悪いものを遠ざける働きがある十字を指で組み、「邪魔が入りませんように」と心の中で念を込めましょう。

恋がかなう

47 好きな人の夢を見る　「白妙の～」和歌を唱える

夢の中でも好きな人に会いたい人は、毎晩寝る前に、寝間着の左袖を肘あたりまで捲り上げ、「白妙の、袖折り返し、恋なれば、妹の姿に、目にしみゆる」という和歌を3回唱えて寝てください。すると彼が夢枕に！　これは万葉のころからのおまじないです。

48 好きな人から電話がかかってくる　クローバーの一筆書き

好きな彼からの連絡を待ちわびている人は、携帯電話の待ち受け画面を四つ葉のクローバーに変えて（または携帯の画面に指で四つ葉のクローバーを一筆書きします）そして好きな人の番号を押して、一度切ります。その際「電話がかかってきますように」と心の中で強く願いましょう。四つ葉のクローバーには「いい知らせ」という意味が込められているので、携帯の他にも通信手段に応用できます。四つ葉のクローバーを手紙の中に入れて送ると、いい返事が期待できます。

49 彼とばったり出会える
ご縁を運ぶ靴

好きな彼に会うチャンスが少ないと感じているあなたに。靴のつま先の中に、自分の生まれた年（自分の象徴）の五円玉（ご縁の象徴）を用意。それをティッシュに包んで、左（情報をキャッチ）の靴のつま先に、入れておこう。その靴を履いていると、なんとなく曲がりたい道や、寄りたいお店が出てくるはず。その直感に従ってごらんなさい。きっと会うことができるはず。

50 結婚へ向けてステップアップ
ハートの10

そろそろ結婚を考えている人は、トランプのハートの10をお守りに。このカードには「結婚」や「幸せな家庭」と言う意味があるので、彼と会う時や、彼を思う時に必ず持つようにすると、幸福な結婚が約束されます。

51 友情が恋へと発展！
ヒヤシンス

男友だちを好きになってしまった時には「変わらぬ愛」を約束する、ヒヤシンスが効果的。まずはピンクや赤色の花を咲かせる球根を選び、その球根に自分と好きな人の名前を、相合い傘にして書き込みます。そしてそれを、水栽培用のポットに入れて育ててください。ヒヤシンスが成長するにつれて、あなたの恋も発展していくでしょう。

恋がかなう

52 愛を永遠にする
ラヴァーズシャドウ

好きな彼との関係を末長く続けたい時のおまじない。**夕方（物事を穏やかに収める時）**彼と一緒に並んで歩いている時に、二人の足元に伸びる影（二人の象徴）を重ね合わせよう。そして後ろに沈む夕日を振り返り、沈む夕日が再び登るように、二人の愛が永遠に続きますようにと祈るのです。太陽が空に昇る限り、二人の愛は永久に続くはずです。

53 失恋から立ち直る
ルーン文字「ソーン」

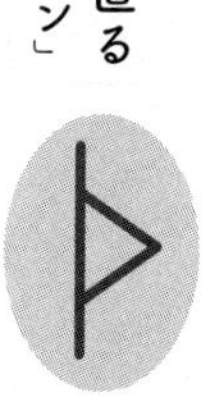

終わった恋をすっきり忘れて新しくで出直すためには、ハート型のチョコレートに、**図のような棘を表す「ソーン」というルーン文字を削り入れます。**チョコレートは彼のハート。それに飛び出すという意味のルーン文字を書いて食べることによって、あなたの彼に対する突出した気持ちが封じ込められ、彼から卒業できるのです。また恋をした時に出る脳内ホルモンと同等の物質がチョコレートの中に入っています。失恋をすると、その物質が出てこなくなってしまうので、その代替作用としてチョコレートを食べれば、心の傷を癒すことができます。

美しく健康になれる

美しくなる

54 スリムになる 火星のマークを活用

身体を動かすことが苦手でも、運動しなければ、スタイルが改善されないのも事実。**そこで赤いサインペンで左足の土踏まずに、火星のマーク（♂）を書こう。**それでウオーキングするなど何でも身体を動かすことで、火星の力で、スマートで均整の取れたスタイルになれるはず。

55 魅力がアップする バラのアイテム

魅力的な女性になるためには、自分に自信を持つことが大事。**朝、いつも顔を洗う時は鏡に映った自分に語りかけましょう。**「今日はきれいだね」と鏡の自分に向かって暗示をかけることで、気にしているコンプレックスが取り除かれ、内面から輝く女性に。さらに外見の魅力を高めるには、バラのアイテムが効果的。バラの香りは男性にとって女性を意識する香りと言われ、バラの香水やポプリを持つことで、異性を惹きつけることができるのです。

56 若返り美肌を手に入れる ケルトの女神

夜の8時から0時の間（再生のパワー）に、顔を洗い、スキンケアをしよう。**両手の中指(自分自身の象徴)を使って乳液をつけます。その時にケルト神話の愛と若さと美の女神の名前「オインガス」と唱え（言霊で効果を高める）ながら、肌に伸ばそう。**これを習慣にすれば、女神の加護を受けて、いつまでも若々しい肌を保てるはず。

57 5歳若く見せたい　満月の夜の水鏡

いくつになっても、少しでも若く見られたいと願う。そんなあなたは、**満月の夜、洗面器に水を張って、水面に月を写し、その月をすくいとるようにして、顔を洗います。**古来から、月は、美の象徴。また長い髪が美の象徴だった平安時代は、その月の水で髪をとき艶を保ったと伝わっています。いきいきと暮らしを楽しみ、内面から若々しく保つことも忘れずに。

58 部分的にやせる秘法　水面に金星マーク

部分的にやせたいと思ったらお風呂でやるおまじないをやってみよう。体を洗い終わったら洗面器に水を入れ、**水面に金星のマーク（♀）を3回指で書きます。そして左手を水に入れ、その水のついた手でやせたい部分をマッサージ「やせたい、やせます、やせられる！」と念じます。**何度でもやりましょう。

59 ダイエットに成功　新月から満月の間

新月から満月の間は、自分を高めていく時期であり、逆に満月から新月にかけては自分の悪い部分を取り除いていく時期。したがって後者はダイエットに最適。お腹の贅肉を取りたい人は、**月が陰っていく時期に月の光を浴びながら「中が引き締まり魅力的な女性になりますように」とその部分をなでながら、月の女神アルテミスにお願いします。**月光浴は、自分の感性を磨き、魅力を高めることができるので、ダイエットや美容の悩みには、月の女神の力を借りましょう。

60 ダイエット作戦　間食防止の呪文

あなたもダイエットに挑戦した経験があることだろう。我慢できないのが間食。どうしても欲しくなった時「私は天女、みんなの笑顔と霞を食べて、それで私はお腹がいっぱい」という呪文を唱えて我慢しよう。スッと間食をしたい気持ちがなくなってくるから不思議。

61 センスをよくする　魔法文字

ファッションのセンスをよくするおまじない。図のような魔法文字を時計バンドに書いて左手につけておく。洋服などを買う時に、時計バンドを右手で包み「フリノット、私の個性が際立ちますように」と呪文を唱える。これであなたに似合うセンスのいい洋服が買えるはず。

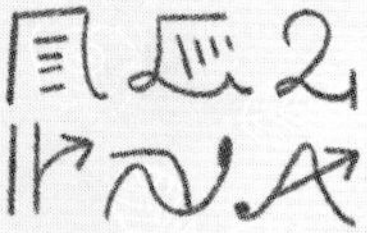

健康になる

62 深い眠りにつきたい　羊は眠りの友だち

深い眠りにつきたいなら、ぬるめのお湯にゆっくりつかり、体が温かいうちにベッドに入ろう。そして「眠りの精よ、あなたの使いの羊を数えさせてください」と祈って、目を閉じ瞼の裏に羊を思い浮かべる。そして心の中で、一匹、二匹と数えて。知らないうちに深い眠りについているはずです。

63 眠気を断つ
眠気がひいていく呪文

ランチを食べておなかいっぱいの午後、仕事中、眠気が襲ってくる……眠気に勝つには、洋服のそでをひじまで捲り、左腕の内側をつねりながら「眠り姫の眠りのトゲを私が取りました」と小声でつぶやくのです。そうすると今まであんなにあった眠気がスーッと消えていくはず。

64 眠気封じ
ミントとタイムの青色袋

眠気を吹き飛ばす方法。青いフェルト袋に香辛料のミントとタイムを小さじ1杯ずつ入れて縛り、青い毛糸で首から下げよう。眠気が出たら、その香りを嗅ぐ。部屋の換気もできるだけよくしておくのも忘れずに。

65 寝起きをよくする
「鼠」という漢字

寝起きが悪くていつも遅刻ギリギリ。そんなあなたにはパッと目が覚めるおまじないを。「鼠」という漢字を半紙に墨で書き、おへそに当てて眠る。翌朝自然に目が開いてくるはず。

66 重病にきく　魔法文字

家族が重大な病気に。早くよくなってと祈りたいはず。そんな時は、図の魔法文字を紙に書いて、それを持って太陽の光を浴びる。日差しがまぶしく感じたらそのまま家族のもとへ。そして家族の手を握って、微笑みを投げかけよう。太陽の健康パワーが病の家族の体の中へ流れていくはず。

67 ケガから守られる

ドアに指を挟んだり、道でつまずいて転んだり、そそっかしいあなたは、左手の中指の第一関節の上に極細の赤いマジックで火星のマーク（♂）を書き、ばんそうこうを貼り、左手の親指と薬指でぎゅっと押さえ「マルス様、どうぞ私をケガからお守りください」と祈ってみよう。火星マークがケガから守ってくれます。

68 緊張で眠れない　安眠のアニスシード

明日が締め切りのレポートを作らなければならないあなた、明日の会議で大事なプレゼンテーションがあるあなた、緊張で眠れないことがありますよね。まずスパイス売り場か、ポプリのお店で、アニスシードを買ってきます。それをガーゼで作った袋の中に入れて、枕カバーの中に入れてください。そうすればきっとゆっくり眠れるはずだから。

69 眠気を誘う　目の体操

眠気を誘うおまじないです。布団に入って天井を見つめ目を上、下、右、左、右回り、左回り、と動かしながら、5～6分、目の体操をしよう。そして瞼を軽く閉じて「眠りの精よ、私に眠りの種を振りまきたまえ」と心の中で呪文を唱えよう。全身の力を抜けばきっと眠気が訪れるはず。翌朝もしっかり目があきます。

70 朝寝坊防止　半紙に大きな輪を

赤のマジックで紙に大きな輪をかき、その中に朝起きたい時間を書いておく。それを枕の下に入れて布団に入って目を閉じたら「ほのぼのと、まこと明石の浦ならば、我にも見せよ、人麻呂の塚」と呪文を唱えよう。翌朝きっとその時間に目が覚めます。その半紙をずっと使えば、もう寝坊せずにすむはず。

71 体調をよくする呪文

体の調子が悪い時、お医者さんの診断を受け、先生の注意をよく守る。そのうえで、マーカーで金色に塗った3粒のひまわりの種を両手の手のひらの中でコロコロと振りながら「リタターム、サリバト、クラタレス、ヒサタ―、どうぞ健康になれますように」と呪文を唱えよう。毎日おまじないを続け、先生の注意を守れば、あなたは健康を取り戻せます。

72 熟睡できるクミン

眠りが浅い、いまいち熟睡できない、ぐっすり眠りたいあなた。そんなあなたにおまじないを伝えよう。香辛料売り場でクミンの実を買ってきて、夜寝る前にミルクを温め、その中にクミンの実をひとつまみ混ぜながら「眠りの精よ、私に眠りの種を振りまきたまえ」と呪文を唱え、よくかき混ぜて飲みほそう。きっと熟睡できるはず。

73 ケガ防止 赤い人形

赤い紙で人形を作ろう。そこに名前を書く。これがあなたの身代わり。その身代わりを白い封筒に入れて、安全な場所に保管しておけば、旅行中や通勤途中など、体を壊したり、ケガをしたりしないですむのです。

74 痛みの応急処置 右手のパワー

頭痛、歯痛、腹痛などなど急に痛みが起きたら、右手を強く握り、ゆっくり1回深呼吸をしてから、その手をパッと開き、痛いところをなでよう。そしてなでながら「アビラウンケンソワカ」と呪文を唱えると、不思議と痛みが和らぐ。けれども、これは応急処置なので、必ずお医者さんに行って診断を受けて。

75 早起きしたい　早起き鳥

いつもより早く起きなくてはいけない、どうしても遅刻できない。そんな時、夜寝る前に図のような**早起き鳥の絵を書き、それを枕元に置いてください。「ほのぼのと、まことと明石の浦ならば、われにも見せよ、人麻呂の塚」という呪文を唱える。そして何時に起きるかを自分に強く言い聞かせよう。**翌朝、早起き鳥があなたをその時間に起こしてくれるはず。

76 ケガを早く治す　ハンドパワー作用

どんなに軽くてもケガは嫌なもの。早く治してスッキリしたい。そんな時のまじないです。**右手を食塩水に浸して水気を払い、その手をケガの部分にかざします。そして「アビラウンケン」と呪文をかけながら、右手に集中する。**これはハンドパワーといって不思議な作用があります。

77 眠れない夜　眠りのひなげし

体は疲れているんだけど目が冴えて眠れないとか、やけに神経が高ぶって眠れないということがあります。そんな眠れない夜には**枕元にひなげしの花を飾っておこう。**そしてその花の香りを嗅ぎながら目をつぶっていると、ゆっくりと眠りに誘われていきます。そして翌日はすっきり目覚められるはず。

78 健康になる ひと形お守り

長寿延命、無病息災のお守り。紙にひと形を書き、真ん中に名前と生年月日を書いて入れておく。病気のある人は、ひと形の悪い部分に、赤で病名を書く。自分で持っていてもいいし、家族や友人の誰かのために作って、その本人に持たせてあげるのもOK。健康になれるはずだ。

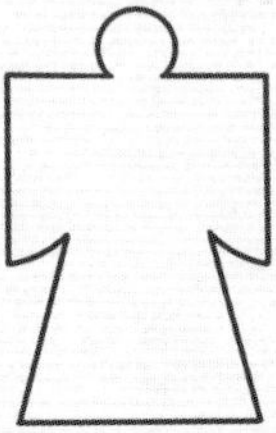

79 体調がいまいち 金の麦の穂

睡眠をちゃんと取っているし、朝昼晩と1日3食きちんと食べているのに、体調がイマイチ、というあなた。麦の穂のドライフラワーを金色のマーカーペンで塗って部屋に飾っておけば健康になれるはず。

80 金縛りに 和歌

寝ている時に全身を締めつけられるようになって動けなくなる金縛りにあったことがあると思います。金縛りによくあう人は、横向きに寝ること。そして金縛りにあったら「物事に影も形もなくなれば、遺恨というは、なでかあらやめ」という呪文を心の中で何回も唱えます。これでもう安心。

81 乗り物酔い封じ　青い毛糸の鎖編み

旅行は好きだけど、バスはどうも苦手、と乗り物酔いをしてしまうタイプのあなた。**前の晩、極太の青い毛糸を鎖編みにして、それを左手の手首にむすびつけておく。**そして早めに床につき、しっかり眠ろう。翌朝はすっきり、バスの中でも気分は最高のはず。

82 旅の安全祈願　人差し指と中指で十字きり

旅行に行く時、無事を祈るおまじないを伝えよう。**「リン・ピョウ・トウ・シャ・カイ・ジン・レツ・ザイ・ゼン」と出発前に唱えて、右手の人差し指と中指を立て、一言ごとに上から下、次は左から右と交互に強く、手をふろう。**呪文が終わったら「ポロン、ポロン、ウン」と3回唱え、右手を強く握り、それを胸に当てる。

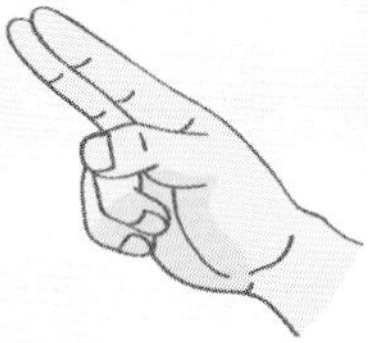

83 乗り物酔い封じ　1円玉4枚の効力

肌身離さず持っていると効き目がある、乗り物酔い封じを伝えよう。**まず君の生まれた年の1円玉を4枚探す。それを封筒に入れて封をする。**これが乗り物酔い封じのお守りだ。いつも身につけておくこと。そして乗り物に乗った時は、遠くの景色を見ていることを忘れないで。

84 安全な旅行のお守り
雨水で書いた護符

海外旅行で心配なのは、治安の悪さ。事故に巻き込まれないおまじないをしよう。川の水や雨水を集め、その水で墨をする。その墨で図の護符を書き写す。そして自分が生まれた年の10円玉6枚と一緒に袋に入れて持っている。家を出る時から旅行中ずっと肌身離さず持っていて。あなたの旅行の安全が守られるはずです。

皆令観喜
如獅子王守所
法得善利

仕事が楽しくなる

85 やる気が湧いてくる
左手の火星マーク

左手の中央に、図のように火星のマーク（♂）を書いて、右手の人差し指でなぞるか、赤いマジックを使うとより効果的。火星は行動力や情熱を表し、左手はパワーを吸収する手。今やるべきことを強く念じて、握りしめるとやる気が湧いてきます。

86 商談や契約が成立する

仕事の商談や契約を成功させるには、契約書などが入った封筒の中に、図の護符をコピーして切り取り、入れておきます。すると契約をスムーズに結ぶことができるでしょう。またもらった名刺の裏にも護符を貼りつければ、相手との交渉事がうまく運びます。

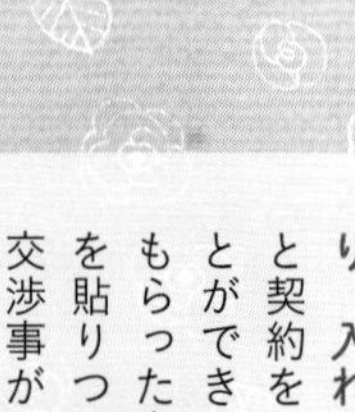

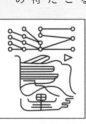

87 アイデアに行きづまったら 発想力が豊かになる青のヘアバンド

アイデアに行きづまったときは、青いヘアバンドを用意し、水星のマーク（☿）を心を込めて、できれば刺繍をし、できない場合はマジックで書いてもOK。そしておでこの真ん中にちょうどマークが来るようにヘアバンドをし、机に向かい、気持ちを集中させます。ひらめきや知性をもたらす水星の力を借りれば、頭が冴え始め、いいアイデアが浮かんできます。

88 天職にめぐり合う　3色リストバンド

自分の才能を活かせる転職を知りたいと思ったら赤（情熱）白（可能性）黒（悪癖を断ち切る）3色の糸を三つ編みにし、手首に結べるくらいの長さにします。このリストバンドを左手首（パワーを吸収）に結んでいると自然と自分の才能がわかるようになり、それを生かすチャンスがめぐってくるようになります。

89 やりたい仕事が見つかる 北の壁に貼る護符

就職や転職を考えている人、希望の部署につきたいと願っている人は、図の護符を拡大コピー（5×10センチ位）し、切り取って、部屋の北側の壁に南の方角に向けてはります。しばらくその部屋で仕事や勉強に励めば、明るい将来の展望が。この護符は、中国の官吏登用試験、科挙の際に使われていた受験必勝の護符。その試験に効いたのだから、パワーは相当なもの。出世を約束された仕事運アップのお守りです。

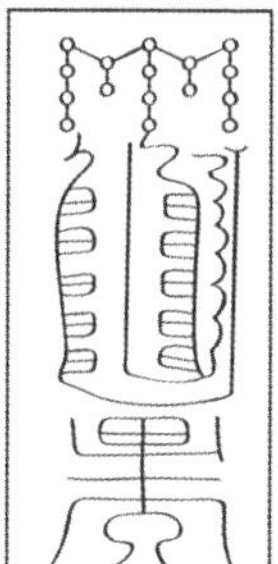

90 試験など勝利をおさめる

栄光の月桂樹

いつも肝心な時に力を出せない、という人のためのおまじない。月桂樹（勝利）の葉を3枚用意し、金色（パワー）の厚紙に三角形（向上・ステップアップ）に貼ろう。そしてこれを部屋の南側（拡大と発展）の壁に貼っておく。これを眺めていると、大切な仕事や試験、恋の勝負時に、しっかりパワーを発揮できるはず。

91 面接試験で好印象を与える

ダビデミラー

面接に出かける日の朝、顔を洗った後に自分が写っている鏡にダビデの星（調和）を指で書いてみよう。そしてにっこりと一番いい笑顔を作る。きっと初対面の相手にもいい印象を持ってもらえるはず。

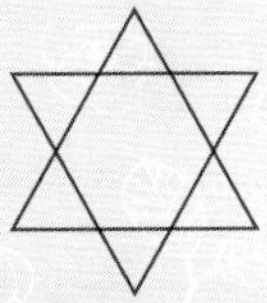

92 仕事で昇進、給料がアップ

仕事でよく使う印鑑に、図のような北を表す方位の矢印をつけて（彫刻刀で掘っても、好きな色のマジックで書いてもOK）。これは仕事が順風満帆にいくことを意味するマーク。この印鑑を使えば、仕事でステップアップできること間違いなし！

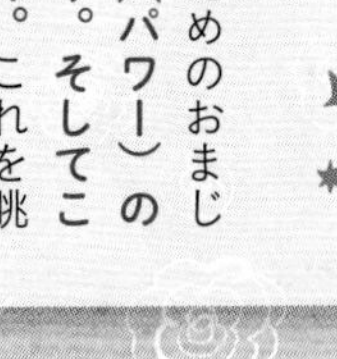

93 上司に奢ってもらえる

50円玉を、上司に頼んで10円玉に両替してもらいます。そしてもらった10円玉を両手で包み込み、「○○さん、おごってください」と念じながら、手の中でよく振ります。すると、相手が好意的にあなたを誘ってくれるようになるはず。

94 電話の対応が苦手

電話で顔の分からない人と話をしなければならない時、どうしても緊張して言葉につまってしまうあなた。リラックスして電話の応対ができるようになるおまじないがあります。**電話の脇にアマリリスの球根を転がしておこう。**リラックスして電話の会話が弾むはずです。

95 配置転換の護符

会社の今の部署にはいろいろ不満が多い。なんとか配置を変えてもらいたいなら、**図のような護符を半紙に書き、それを封筒の中に入れ、「祈願○○○」とあなたの行きたいポジションを書いて、それを部屋の北の壁に貼っておきましょう。**

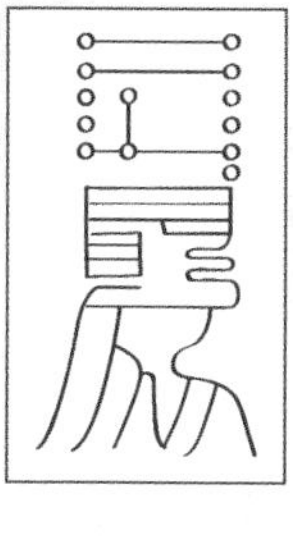

96 評価してもらえない

評価アップの護符

一生懸命働き、それなりに成果を上げているのに、上司が仕事を評価してくれないというあなたは、図の護符を紙に書き、いつも持ち歩く手帳に貼っておこう。そうすれば、きっとあなたの仕事ぶりが認められ、評価も変わってくるはず。

97 仕事に熱が入らない

やる気呪文

いつも手慣れた仕事のはずなのに、仕事に熱が入らないあなた。やる気の起こるおまじないがある。毎朝、会社でタイムカードを押すとき、「オン・サンザンサク・ソワカ」という呪文を唱えよう。それを繰り返していれば、自然と仕事にやる気が湧いてきて、充実してくるはず。

98 転職先が見つかる

図の護符をスマホや携帯のカメラで撮って、それを待ち受け画像にしよう。そのスマホや携帯で転職情報サイトを探すと、よい転職先にめぐり合えます。雑誌やハローワークで探す時も、そのスマホや携帯の電話番号を連絡先にしておくと、護符がよいご縁を結んでくれるはず。

99 ラッキーな仕事が見つかる
手のひらに赤い星

右の手のひらの真ん中に、赤のサインペンで赤い星を書きます。**そして手をギュッと握ってよい仕事が見つかりますように、とお願いしてみよう。**すると、家の近くのお店などでラッキーなアルバイトが見つかるはず。仕事も楽しくできるし、もしかしたら素敵な彼と出会えるかも。

100 悪い噂や誤解がある時
誤解を解くクローブの粉

会社で、自分の悪口を言っている人がいるらしい。事実無根だから放っておけばいいんだけれど、やはり気になる人は、**墨汁にクローブの粉を混ぜ、その墨で図の護符を書こう。**それを職場の机の裏に貼っておくと、悪い噂や誤解が起きなくなります。

101 先輩に話を聞いてもらいたい
シャブリリの護符

職場の先輩に不満を聞いてもらうには、先輩の名前を書いた紙を用意し、**それに図のシャブリリの護符を上から毎日一行ずつ赤い紙に書いていきましょう。そして、その紙を会社のあなたの机の中に入れておく**と、先輩の態度が変わって、あなたの話を聞いてくれるようになります。

```
Shabriri
 Habriri
  Abriri
   Briri
    Riri
     Iri
      Ri
       I
```

102 転勤しないでね　ひと形に足止めの呪文

人事異動などで、ずっと好きだった人が転勤にならない方法があるんです。紙を人形の形に切って彼の名前をそこに書こう。そしてその足の所に赤いまち針を刺し、「走り人、その行く先は針の山、あとへ戻れよ、アビラウンケン」という呪文を唱え、その人形を机の奥へしまっておこう。

103 電話に慣れない　テレフォン水星

未だに会社の電話に慣れることができず、あがってしまうあなた。あがらずに自然に受け答えできるようになるおまじないです。あなたの名刺の裏に水星のマーク（☿）を書いてそれを電話の下に敷いておこう。きっとあがらずに話せるようになります。

金運がつかめる

104 お小遣いが欲しい　裸足で地面の豊かさをもらって

周りには興味あるものがいっぱい。あれもほしい、これもほしい。使えるお金は限られている。どうしてもお小遣いが足りなくなる。そこで、裸足になって地面の上に立ち「大地の精のコボルトさん、私に豊かさをください」とお願いしよう。すると、思いのほか臨時収入が。

105 宝くじに当たる　短冊の護符

黄色い折り紙で短冊を作り、墨で図の護符を書き写します。宝くじを買ったその袋の中に、作った護符を入れて、仏壇や神棚などの、あなたの家でいちばん神聖な場所に置いておきましょう。そして宝くじを買ったことを、みんなに話すのです。宝くじが当たったら、みんなで温泉旅行へ行こうなどとね。話を聞いた人たちは、きっと当たって欲しいと願うはず。

その「当たれ、当たれ」という願いが強いほど、運が味方してくれるのだと思います。だからみんなに話せば話すほど、宝くじが当たる確率が上がるはずです。

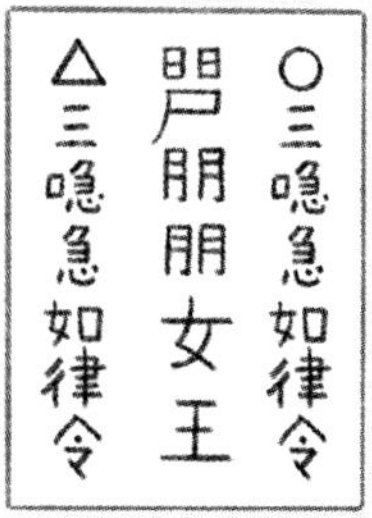

106 当たる宝くじの買い方　当たれ破魔矢

お正月に買った破魔矢《はまや》の羽の部分を切って、それに生まれた年の5円玉を赤い糸で結びつけておこう。そしてその破魔矢の羽を持って宝くじを買いに行こう。そうすれば当たる確率が増して、思わぬ金運に恵まれます。

107 貯金箱が貯まらない　ダイヤの貯金箱

貯金箱にお金を入れてもすぐに使ってしまうので、なかなか貯まらないという人は、紙に金のマーカーペンでトランプのダイヤのマークを書き、その中に金剛石という字を書いてそれを貯金箱に貼っておこう。そうすれば無駄遣いをしなくなって、お金が貯められるようになるはず。

108 出費防止の5円玉

友だちは財テクをしたり株をやったりしてけっこう楽しみながらお金を貯めているのが羨ましい。でも私は金遣いが荒くて、というあなた。あなたにもお金を貯められるおまじないがあります。あなたの生まれた年の5円玉にマジックで図のように護符を書こう。そしてその5円玉を財布の中に入れておくと、無駄遣いが止まってお金が貯められるというわけ。

109 臨時収入OK願い

毎月決まった日に決まった収入をもらっているあなた、時には使いすぎて金欠病になることはあるよね。臨時の収入が欲しいよね。右手と左手でOKサインを作り、それを絡め合わせて臨時収入が入りますようにと願いをする。思いがけないお小遣いが入るはず。

110 新しい財布を使うとき　5円で幸運の財布

幸運の財布を持とう。新しい財布を使うときは、あらかじめ自分の生まれ年の五円玉を用意し、初詣での神社の御手洗《みたらい》で清める。そしてそれを最初に財布に入れよう。そうやってからその財布を使うと、1年間お金には困らないはず。

111 5円玉のご縁で金運が

5円玉は「ご縁」と言って、いろいろな幸運を結んでくれるわけだけれど、5円玉のお金だけに金運にも強く働く。特に自分の生まれ年の5円玉はあなたにとっては大切な宝物。5円なんてなどと粗末に扱ってはいけない。**神社の御手洗《みたらい》の水で洗い清めて必ず持っていよう。**金運がついてお金に困らないのはもちろん、あなた自身が大いに繁栄するはず。

112 紅白紐で金運

いつもお金がピンチ、どうしてこんなに毎月無駄遣いをしてしまうんだろうと思ったことはないですか。そんなあなたは**自分の生まれた年の5円玉に、赤と白の紐を結んで財布の中に入れておくんだ。**この紅白の5円玉はあなたの無駄遣い抑えるばかりでなく、あなたに金運まで与えてくれます。

113 商売繁盛の願い半紙に呪文を

何か商売をやっているあなた、そんなあなたは、**「春夏冬二升五合」と半紙に書いて、お店のお客さんが目につくところに貼っておこう。**「あきない。ますます繁盛」という意で、商売繁盛に。

114 お金に不自由しない　金の麦つぶ

大金持ちにならなくてもいいから、せめてお金に困ることがないようにしたいと思っているあなた、お金に不自由しないおまじないを紹介しよう。麦のつぶをマーカーペンで塗るんだ。そしてそれを2、3粒、財布に入れておくんだ。そうすればきっとお金には困らないはず。

115 金運アップ

お金には絶対に羽が生えている、と信じて疑わないようなあなた。金運がアップするめでたいおまじないを伝えよう。まずカラスウリ（実を化粧品に使ったりする）を、カラカラに乾燥させて欲しい。それから中の種を出す。その種は大黒様の形をしているんだけれど、それをお財布の中に入れておくと金運がアップします。

116 買った株が値上がりする　ラゾナトスの株

財テクブームに便乗して、財テクをしようと思って始めたはずなのに、買う株すべてが下がってしまう。そんなあなたは、株券や預り証書が入っている引き出しに図の護符をコピーして貼っておこう。そして毎日、その護符に「ラゾナトスよ、世界の富をわが元へ運べ」と呪文を唱えよう。そうすればきっとあなたにも運がめぐってきて財テクできます。

家族・人間関係がよくなる

117 遠ざけたい人とうまく離れる

自分から遠のいて欲しい人の名前（相手の象徴）を紙に書こう。そして「○○さん嫌なお役目ご苦労様でした。あなたのおかげで成長できました。負の縁はこれで終わりにして、次は微笑みで会いましょう」と唱えながら、名前の上から紙いっぱいにブルーのペンで塗りつぶします。その後は燃やしてOK。青色は浄化であり、宇宙の色。嫌な関係を一度、宇宙に戻して、リセットする意味がある。相手を憎むのではなく、感謝を持って手を切る、というのもポイント。

118 家族の絆がよりいっそう強まる

沈丁花の花をリビングやダイニングなど家族がいつも集まる場所に飾っておきます。すると、小さい花がいくつも集まって、一つの花になっている沈丁花のように、家族の心が団結し、絆がよりいっそう強まるでしょう。

119 待望の赤ちゃんが授かる

赤ちゃんがほしいと願う人は、子宝や安産を祈願する、図の護符をコピーして切り取り、夜、枕の下に敷いて寝ます。すると愛する家族が増え、さらに幸せな家庭を築くことができるでしょう。

120 ギクシャクした人間関係

職場や親子関係など、人づき合いがうまくいかないなど、人間関係に悩んでいる人は、赤い折り紙で鶴を折りましょう。鶴は、神に仕える鳥とされ幸運の象徴です。折り紙の羽を広げたら、片方に自分の名前を、もう片方の羽には仲良くしたい人の名前を書き込み、「○○さんとの気まずい仲をどこか遠くへ運んでください」唱えます。そして神社のお札やお守りなどを納める場所に持って行き、お焚き上げをしてもらいます。するとニ人の間にできたわだかまりが解かれ、以前よりも強い絆で結ばれるはず。友だちや彼とケンカをした、などにも使えます。

121 友だちをたくさん作りたい

友だちをたくさんつくりたい、人気者になりたいという人は、トランプのジョーカーをお守りにして持っていましょう。ジョーカーは、オールマイティーなカードです。その場の環境に応じて自分を変えていけるため、いろいろなタイプの人に合わせることができ、相手の心の中にすっと入っていけます。

122 安産のおまじない

まず四分の一の大きさの半紙に、筆ペンで図の護符を書いてほしい。そして、そのお札に手を合わせて、次の呪文を3回唱えて。「やすやすと、桜の花のみどり児を、わが手にかけて、いでや生まさん」そして、そのお守りをマスコットや手帳にしのばせて。きっと無事にかわいい赤ちゃんが生まれるはずですから。

123 苦手な上司に気に入られたい

まずは上司に対する苦手意識を取り除きましょう。相手のことが理解できて、いい部分が見つかるはず。そのためのおまじないは、**相手の真似をすること**。たとえば、苦手な相手と一緒に歩く時に歩幅を合わせてみたり、手の仕草や動きなどを真似することで、体のリズムが合い、心の波動も合ってきます。すると今まで見えなかった部分や、へんに歪んで捉えた相手の嫌な面も、受け入れることができて、苦手意識もしだいに溶けてくるでしょう。

124 夜泣きする赤ん坊　呪文で静かに

赤ちゃんが眠っている時に、**「いもかねは、はらばう頃になりにけり。清盛とりて養いとせよ」という呪文を3回唱えてみよう**。こうすると赤ちゃんは、ぎゃんぎゃん泣かなくなります。さっそく試してみて。

125 落ち着きのない子　「安鎮心」の護符

いたずらで困った、出先で急にいなくなる……落ち着いて話がきける子になってほしいと切実な願いをもつ子育て中のあなたには、**図の護符を持っていてほしい**。「安鎮心」の護符といい、この文字を紙に書いて持ち歩くと、イライラや悪い気持ちを静めて冷静にしてくれます。子どもはいたずらをやめ、落ち着き、あなたも心穏やかにいられます。

126 苦手な人との縁を断ち切る

図のお札は、縁切りの護符です。○○○○に苦手な人の名前を書いて、常に持ち歩いていれば、今まで縁を断ち切れなかった相手とも、すっきりした気持ちで別れられるはず。他にも薔薇のトゲを13個用意し、小袋に入れてお守りにして持っていると、悪意を持って近づいてくる人を、遠ざけることができます。また離れたいと思う人の名前を紙に書き、二股に分かれている川に流すと、その人との縁が離れていくおまじないも有効。

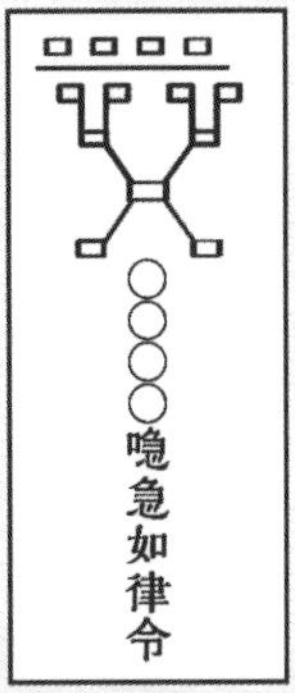

第3章

幸せを願う
年中行事

日本のお正月の風習の一つに、七福神めぐりがある。不老長寿や家内安全、商売繁盛、五穀豊穣、など願い事成就のご利益があるとされていて、多くは、半日から二日程度でめぐることができる。また、「節句」は一年に五回訪れるが、そもそも「節句」は、もとは、災いを払うまじないの原点として成り立ちの歴史を持つ。

男の子の端午の節句は、始まりは薬草を食べて災いを払い、正月七日に食べる七草かゆも、野菜を刻む七拍子のリズムが、実は、疫病退じのおまじないだったことには、びっくりだ。

日本の風習、年中行事、儀式のすべてが、幸せを引き寄せる「おまじない」といっていいだろうと思う。多くは、古代中国で発祥したものを日本でも取り入れた歴史を持っている。

私たちが忙しい現実に見失っているものを、改めて再認識し、日本人が連綿と行なってきた伝統ある取り組みが、現代を支えていることを思い出しながら、語り継いでいきたいと思う。「おまじない」としての行事・風習・習慣という視点でみると、日常には、なんとおまじないであふれていることだろうか。

七福神めぐり

初夢と七福神

七福神とは、恵比寿天、大黒天、福禄寿《ふくろくじゅ》、布袋尊《ほてい》、毘沙門天《びしゃもん》、寿老人《じゅろうじん》、それに紅一点の弁財天を加えた七人の神様。宝船という金銀財宝が積まれた船に乗り、はるか唐、天竺（インド）から日本にやってきた外国生まれ神様だ。

そして七福神は神様と言いながら、なぜかお寺と深い関係があり、それぞれの神様にお祈りをするご真言もある。もともとはインドから中国を通って、仏教が日本へと伝わった際に、その仏教を守護する神様として、各地の土着の神様が仏教と一緒に伝わってきたものなのだ。

そして本来は、お多福や達磨、お稲荷さんや吉祥天などの福の神をもう一つ加えて、仏教ゆかりの蓮の花の花弁にちなんで、八福神とされていたのが、七難即滅、七福即生という七福神のご利益にちなんで、今の七福神の神様に落ち着いたというわけだ。

年が明けて初めて見る初夢は、その一年を占う大切な夢。もちろん悪い夢なんて見たくはないし、願わくば、金銀財宝に包まれる縁起のいい夢を見たいものだ。

昔の人は、悪い夢を見ると、夢の意味をいい意味に置き換える、「夢違え」という儀式を行なったと言われている。その夢違えの儀式から、悪夢を食べる獏の伝説や、夢判断などのおまじないや伝説が生まれた。

そこで昔の人は七難即滅、七福即生という七福神のご利益にあやかって、宝船の絵を枕元に置き、「長き夜の、遠の眠りの皆目覚め、波乗り船の、音のよきかな」という呪文を三度唱えて眠るという、いい初夢を見るためのおまじないをするようになったのだ。

七福神めぐりにGo!

初夢と七福神の乗った宝船の関係が生まれると、いつしか七福神のご利益を求めて、お正月の初詣に、七福神を祀ったお寺や神社にお参りをする、七福神めぐりという風習が生まれた。

お正月の七草や、春の七草、秋の七草ではないけれど、七という数は縁起がよい数とされている。七つの神様をめぐる七福神めぐりは、お正月の縁起かつぎの風物詩となった。

日本全国各地で、七福神めぐり、七福神詣で、といって設けられている。ここでは、「東海七福神」をご紹介しよう。そしてぼくがめぐった東海七福神には、もう一つ紹介するだけの深いわけがある。

皇居に流れ込む日本最強の風水の通り道、龍脈の一つが、東海道を通っている（パワースポットの項を参照）と紹介したが、この東海七福神は、まさに旧東海道沿いに点在する七福神で、この七福神めぐりをすることで、日本最強の風水パワーもいただける、というわけなのだ。

毎年、元旦から十五日までの七福神めぐりの期間には、宝船の絵が描かれた色紙が売り出される。ぼくのおすすめは、初詣でで、七福神めぐりをしてご朱印を集め、一月二日の初夢の晩に枕元において眠ろう。きっと新年の幸運がいっぱいの、いい初夢が見られるはずだ。ではさっそく、東海七福神めぐりへ！

開運の神様　大黒天（品川神社）

東京・京浜急行の新馬場駅北口を降りて、第一京浜国道を挟んだ向かい側に、大黒天を祀る品川神社がある。大きな鳥居のある

長い石段を挟んで、品川神社と彫られた大きな石柱と、俵に乗って打出の小槌を振り上げた大黒様の石像が並んで立っている。

この品川神社はその昔、源頼朝公が海上の安全を祈願して建立し、徳川家康が関ヶ原の戦いに戦勝祈願をしたという由緒正しい神社だ。

この境内には、都内で最大級の富士塚や、水の神様のカッパを祀ったみたらし、金運のパワースポットとして有名な一粒万倍の泉など、いろいろなご利益様が点在する。

大黒様は国作りと農耕の神様。本来はインドの神様だけど、日本に伝来したときに、大国主の命という神様と同一視されて、今のお姿になったのだとか。

大黒様のご利益は、一粒万倍の泉のご利益のように、一つのいいことが千倍にも万倍にも増え広がっていく、そんなご利益を与えてくれる神様なのだ。

金運の神様　布袋尊（養願寺）

品川神社から国道を渡り、新馬場駅前の道を進んで、左の路地を入ると、品川虚空蔵《こくぞう》尊と呼ばれる養願寺がある。東海七福神の布袋尊が、祀られているお寺だ。

普段は、虚空蔵菩薩が祀られて、無限の知恵や望みのものを好きなだけ授けてくれるという、太っ腹な仏様がメインのお寺。お正月の七福神めぐりの期間は、同じ太っ腹つながりで、本堂に布袋尊が置かれ、布袋様のご朱印をいただけるとのこと。

布袋様はでっぷり太った笑顔の仏様で、もともとはあらゆる欲望を乗り越えた徳の高い中国のお坊さん。手にした袋は、さまざまな富や欲望を押し込めた堪忍袋で、富を求める者には、その袋から金銀財宝を取り出して与えてくれる、と言われているのだ。

布袋尊は福徳円満の神様だから、金運はもちろんだけど、人間関係や友情、恋愛などの、人と人とが仲良くなって、円満にしてくれる働きもある。

長寿の神様　寿老人（一心寺）

養願寺の本堂を背にして参道へ目を向けると、路地の向こうの旧東海道を挟んだ正面にあるのが寿老人を祀る一心寺。

このお寺は、別名、品川のお不動様と呼ばれ、千葉の成田山新勝寺の不動尊を分霊したお不動様が本尊で、寺の前を旧東海道が通る由緒正しいお寺なのだ。

またこのお寺は焙烙《ほうろく》という素焼きのお皿を頭に乗せて、その上に大きなモグサを載せて火をつける、「焙烙灸」という風習が残っている。毎月二十八日に行われる行事で、七福神めぐりと同時には体験できないが、肩こりや頭痛持ちなど、肩から上の病気にはご利益があるとのこと、興味のあるあなたはぜひ体験してほしい。

一心寺にお祀りされている寿老人は、中国の道教の神仙で、南極老人星と呼ばれるりゅうこつ座のカノープスという星の化身とされている神様。寿老人という名前が示すように長寿のご利益をもたらす神様だ。不死の霊薬が入った瓢箪《ひょうたん》を持っていて、どんな病気も治してくれて、不死の命を授けてくれるというありがたい神様だ。

寿老人は、鹿に乗ったり、鹿を連れた姿で表されることが多いが、藤原氏の氏神である奈良の春日大社の神様は、茨城県の鹿島神宮から鹿に乗ってやってきたという伝説があり、寿老人は、春日大社の神様と同一視されている。

商売繁盛を願う　恵比須天（荏原神社）

一心寺の前の旧東海道を左に下って、山手通りを越えて品川橋の手前を目黒川沿いに右手に折れると、東海七福神の恵比須天を祀る荏原神社がある。

目黒川沿いの参道の鳥居の脇には、品川神社の大黒様と対になるような、大きな石の恵比須様の像が立っている。

恵比須様の「えびす」には、多くの当て字があり、蛭子、恵比須、恵比寿、夷、戎などいろいろに書かれている。夷、戎は昔、北海道を蝦夷と言ったように、辺境の地の異民族という意味がある。つまりえびす様は、本来は、海を越えてやってきた海外の神様、という意味があるのだ。

また漁師は、海で漂流する異人の遺体を見つけると、えびす様が来なさった、と手厚く供養した。すると、そのお礼として必ず大漁になったとされ、そこから漁業の神様としての、えびす様信仰が生まれたのだ。

しかし七福神が広まるにつれて、海を漂流することから日本神話の葦の船で海に流された蛭子神や、海の彼方の常世の国から来た事代主《ことしろぬし》の神と同一視され、烏帽子に狩衣姿の日本の神様の姿で表されるようになった。

また縁起物としてえびす様と大黒様が一緒に祀られることが多いけど、大黒様と同一視された大国主は事代主の父神で、大国主は農業の神、事代主は漁業の神。この親子の神様が頑張ってくれると、豊漁豊作で商売繁盛という意味がある。ぼくは、おいしいビールが飲めますようにと、エビス様に祈ってきたんだけどね。

勝負の神様　毘沙門天（品川寺）

荏原神社から旧東海道へ戻って品川橋を渡り、青物横丁の商店街まで足を進めると、右手に品川寺という大きなお寺がある。

このお寺は本堂に、東海七福神の毘沙門天が安置されているのだけれど、実は、境内の鐘楼が立つ築山の足元にはもう一つ、金生七福神の七体の神様の像がたたずんでいる。金を生むと書いて「かのう七福神」。いかにもお金持ちになれそうなご利益様なので、品川寺をお参りしたら、ぜひこの七福神もめぐってほしい。

品川寺に祀られている毘沙門天は、別名を多聞天とも言い、仏教に帰依する人たちを守る四天王の一人で、北の守りを受け持つ武運の神様。しかし本来は、インドの鉱山の神様で、金銀財宝のお宝はもちろん、武器の材料として貴重な鉄を生み出す神様として、福の神でありながら、勇壮な武人の姿で描かれている。

だから毘沙門天は、受験やスポーツなどの勝負事には必勝の神様だけど、とくに仕事や懸賞、ギャンブルなど、お金を生み出す勝負事には、とくにご利益があるかもしれない。

このとき、この青物横丁で、毘沙門天のご利益を信じて、ジャンボ宝くじを買ったのだけれど、毘沙門様と金生七福神は、ぼくにご利益をくれるだろうか？

南極星の化身は福の神？　福禄寿（天祖・諏訪神社）

品川寺から次の福禄寿が祀られている天祖諏訪神社まで、旧東海道を歩いて行けるが、距離があるので、品川寺裏手の青物横丁駅から京浜急行に乗ることにする。

各駅停車で二つ目の立会川駅で下車、駅前の通りを左に行くと、坂本龍馬の銅像がある。銅像の前の橋を渡ると、東海七福神の福禄寿を祀る天祖・諏訪神社の裏口がある。渡った橋が弁天橋で、裏口から入ると目の前にお堀があり、石橋の向こうには弁天様と呼ばれる厳島神社が祀られている。実は、ここは東海七福神では、弁財天ではなく、なぜか福禄寿。そんな疑問を抱きながらも、大人の事情なんだなと納得をしつつ境内奥の本殿へ。

福禄寿は、南極星の化身で、財宝を表す福と、人望を表す禄と、長寿を表す寿の三つのご利益を与えてくれる神様……そう、福禄寿と寿老人は同じ南極星、りゅうこつ座のカノープスという星の化身とされている。

この福禄寿様は、普段は本殿の拝殿脇に鎮座ましましているのだけれど、元旦から十五日までの七福神めぐりの間は、社務所の前に置かれて何とおさわり自由なのだとか。とくに福禄寿の長い頭はそれだけ頭脳がつまっているとされているので、この広いおデコに頭を押しつけたら、頭脳明晰となって受験や習い事にご利益いっぱいありそう。

財宝、縁結びの女神　弁財天（磐井神社）

次の磐井神社まで諏訪神社の参道前の旧東海道を右へ進めば、行けるのだけれど、やはり距離があるので、立会川の駅まで戻り、京浜急行で行くことにした。

大森海岸で下車して、第一京浜国道沿いを南へ進むと、右手に大きなイチョウの木がそびえる、東海七福神の弁財天を祀る磐井神社がある。

実はこの神社、今は第一京浜国道に、境内のほとんどを削られてしまっている。本来は中央分離帯を挟んで、国道の向こうまで、参道が続いていたのだとか。それを思わせる井戸が国道の歩道上にあり、善人が飲むと真水になり、悪人が飲むと塩水になると言

われる磐井の井戸。磐井神社の名前の由来になっているのだとか。

東海七福神の弁財天はこの磐井神社の左端にあり、大きな池に囲まれた島に弁財天の社殿が建てられ、赤い橋がかけられている。

弁財天は七福神の中では紅一点の女の神様で、インドの川の女神と伝えられている。昔は川の砂鉄から鉄を作ったり、砂金から金を作ったりしたので、金属の精錬や鉱山の守り神とされて、それが転じて財宝の神様となった。弁財天は楽器の琵琶を持っていて、川のせせらぎの清々しい音色を奏でると伝えられ、音楽や習い事などの芸事や才能の神様でもあると伝えられている。恋に悩む女性の味方にもなってくれる、というのだが、とてもヤキモチ妬きの女神様なので、その境内で男女がベタベタするとヤキモチを妬かれて、何か障害が起こるというので注意してほしい。


お正月におすすめの、七福神めぐりを紹介したけれど、七福神めぐりは、日本全国に広まった風習で、各地で○○七福神と銘打って、あなたの住む町の近くにもきっとあると思う。お正月の行事として、期間限定でご開帳されていることが多いので、公開されている期間を、必ず確認してほしい。

五節句のひみつ　——節句とは「わざわいを払うおまじない」

節句は古代中国の年中行事

節句とは中国が起源の年中行事のことで、中国の陰陽五行説に基づいて、月日や干支の組み合わせから選ばれた暦の節目に当たる行事のこと。日本では、一月七日の人日《じんじつ》の節句、三月三日の上巳《じょうし》の節句、五月五日の端午《たんご》の節句。七月七日の七夕《しちせき》の節句、九月九日の重陽《ちょうよう》の節句が、江戸時代に五節句として幕府から正式な年中行事として定められた。

中国の陰陽五行説には「陽極まれば陰生じ、陽極まれば陰生ず」という言葉がある。陽が重なれば、陽が極まる。その考え方でいくと奇数の重なる日は、陽が極まって陰に変わるので、古代の中国では、この日に穢れや禍を祓う儀式が行われた。

これが年に五回、一月一日、三月三日、五月五日、七月七日、九月九日、十一月十一日の季節の変わり目に、病気や禍を祓う、節句の儀式として日本に伝わった。後に一月は七日の七草、十一月は十五日の七五三に変化をしたんだ。

★一月七日「人日《じんじつ》の節句」——人の命を敬い健康を祈る

節句とは中国の陰陽五行の理論に基づいて、季節の変わり目に、禊祓いで体の穢れを落とし、その時候の旬の食材を食すことで新しい季節の気を体内に取り入れた。体調を整え、新しい季節に身体を順応させ、厳しい季節の移ろいを乗り越えようとした、季節変わりの儀式。

その節句の最初に来るのが「人日の節句」で、本来は「尽日の節句」と呼ばれていた。尽日とは、一年で一番最後の日という意味があり、つまり大晦日から元旦にかけて行われた、新年を迎える、年またぎの儀式。

尽日の節句では、年が変わる前から海や川の水に入り、禊《みそぎ》祓いをして旧年中の穢れや災禍を祓い清め、年をまたいで水から上がる。つまりこれが新しい年に、清い身体で生まれ変わる、再生を表す儀式だ。そして眠ることは死を表すとされて、この尽日の日は、朝日が昇るまで人々は眠らなかった。

朝日が昇ると、それは母の胎内から生まれ落ちた最初の明かりになぞられて、ご来光として朝日に手を合わせ、祈りを捧げる。新しく生まれ変わったものとして一つ年を重ねる。

そして再生の生命力が宿る若やぎ水を鍋に汲み、その水で七種類の雑穀や縁起物を焚き込んだ七種《ななぐさ》粥や七種雑煮を食べて長寿を祝った。これがお雑煮の始まりだ。

なぜ七種かというと、すべてを満たした十という数は、神を表すとされ、それに一つ欠く九は天子の数とされ、皇帝の執り行う儀式の作法や食べ物の数などに用いられた。それに次ぐ奇数の七は、一般庶民の特別な数として、祭りや特別な儀式の縁起のよい数とされ、それで七種

が縁起のよい食べ物とされたのだ。

ちなみに一般庶民の普段の数は、七に次ぐ奇数の五とされて、一汁三菜に一飯を加えた五品が食事の基本。その簡略型が、五に次ぐ奇数の三で、質素を旨とする僧侶の食事は、一汁一菜一粥の三品とされている。また末広がりで縁起のよい八は、奇数ではないが、庶民と天子とをつなぐ登竜門の数として、出世や発展を願う縁起のよい特別な数とされている。

尽日の節句から人日の節句へ

節句は本来、一月一日、三月三日、五月五日など、同じ奇数の月日が重なる日に行われるのが基本だが、一月一日の尽日の節句は、節句本来の季節の変わり目を乗り越える儀式から、いつの間にか新しい年を迎えるお祝いの儀式の傾向が強くなり、今のお正月のお祝いへと変わっていった。また人々の生活が豊かになるにつれ、新年を祝う期日も長くなり、一般では庶民の晴れの数である七にちなんで、一月一日から七日までの七日間を、松の内というお祝いの期間とされたのだ。

それによって新年の事象を予測する占いも、一日は鶏の日、二日は犬の日、三日は羊の日、四日目は豚の日、五日目は牛の日、六日目は馬の日、と順に日にちが与えられた。この日はその家畜の吉凶を占うので、当然その動物を傷つけたり殺めることは忌み事とされ、むしろその家畜はこの日一日、大切にされたのだった。

最後の七日目は、家人の新年の吉凶や、その年一年の健康を占う人の日とされて、人を傷つけたり殺めたりすることを忌み嫌った。この日は罪人さえも、その刑の執行を免れる特別な日とされたのだ。

つまり一月七日は、「人の日」で、人の命を敬い健康を祈る、節句本来の意味が強められ、やがてこの日が、人日の節句となったのだ。

七種粥から七草粥へ

尽日の節句の行事食は、新年の健康や五穀豊穣と豊作を祈って、米、麦、アワ、ヒエ、キビの五穀に、大豆と小豆を加えた七種を炊いた、七種粥《ななぐさ》を食した。しかし、尽日の節句は、新年を迎えるお祝い色が強くなり、行事食も七種粥からお餅と縁起物の食材を煮込んだ華やかなお雑煮へと変わり、いっぽう七種粥は人日の節句の行事食とされた。

またこの時期の日本では、宮中行事として「初子の遊び」という行事が行われていた。

初子の遊びとは、新年を迎えて最初の子《ね》の日に、干支の初めの子の日の生命力にあやかって、野山に出て、雪の下に芽吹く草の新芽を摘む「若菜摘み」や、常緑樹の松の新苗を採る「松根引き」という遊びをしたのだ。

松の新苗は、初夏の田植えのときに、田の水の注ぎ口に植えて、新苗の生命力にあやかって田の豊作を祈るおまじないに使う。そして雪をかき分けて採った草の新芽は、若菜と呼ばれ、それを羹《あつもの》の汁として食し、その新しい命を体に取り入れて、一年の健康と長寿を祈るのだ。この若菜摘みの新芽の汁と、人日の節句の七種粥とが合わさって、日本では一月七日に七草粥が食べられるようになったのだ。

七草囃子《ばやし》は「疫病退散」のおまじないだった!

七草粥はセリ、ナズナ、ゴギョウ、ハコベラ、ホトケノザ、スズナ、スズシロという春の七草と呼ばれる野草を、包丁などで細かくたたき、それをお粥に入れたもの。

この春の七草を包丁でたたくとき「七草ナズナ、唐土の鳥が、日本の土地に、渡らぬ先に、七草ナズナ、手につみいれて、亢觜斗張《こうしとちょう》」と七草囃子を歌う。

この歌に歌われている「唐土の鳥」というのは鬼車鳥《きしゃちょう》という、頭が九つある伝説の怪

・出版目録・

説話社の本

VOL.8　2020年7月

366日、
幸せであるための
占い&ライフマガジン

My Calendar
マイカレンダー

創刊第6号
「夏号」
6/22
発売！

3、6、9、12月／22日発売

1200円+税　AB判

豪華2大付録

①「マイカレ暦　7～9月」
毎日の運勢がよく当たると大好評！

②「鏡リュウジ　惑星活用BOOK」
「星占い」がぐっと身近に、実用的に！

特　集

◆グレート・コンジャンクションを機にあなたの人生に起こる「変革」
◆時代が変わり始めた今、五星三心占いで知る　働き方、プライベート、恋愛――この夏あなたはこうグレードアップする！
◆結婚・健康・お金――人生の三大テーマについて本気で考える！

占いの本

新刊
予知夢大全
類書のない圧倒的なボリュームと充実の内容、予知夢についての研究書の決定版。30年以上研究し続けてきた著者による渾身の1冊です。
不二龍彦 著
A5判／上製／10000円＋税
978-4-906828-57-9

マンディーン占星術
ネイタル占星術に対して特定の組織や集団、事件・事故などを対象とした技法。基礎から実践的な手法まで4人の先生が解説する。
松村潔・芳垣宗久・倉本和朋・賢龍雅人（共著）
A5判／並製／3800円＋税
978-4-906828-53-1

自分を知る開運術 五行推命
的中率が高い四柱推命の三大流派の一つ。四柱推命の命式に、陰陽五行思想を加えて独自の図式に落とし込み、その人の運勢や吉凶が判断できる占法。
古木千凡 著
四六版／並製／2400円＋税
978-4-906828-54-8

六《りく》壬《じん》神《しん》課《か》 2刷
陰陽師 安倍晴明の秘伝占法
六壬神課とは年月日時と干支を組合せ、解決を導く秘法。安倍晴明がこの術を活用したことで知られる。
東海林秀樹 著
A5判／並製／4800円＋税
978-4-906828-44-9

完全詳解 密教占星術奥義 破門殺
「在家星祭」など経本付き
破門殺の凶運をいかにして乗り越えるか、私たちの生き方を含めて開運法を解説。
脇長央 著／羽田守快 監修
A5判／上製／8000円＋税
978-4906828-38-8

基礎からはじめる インド占星術入門 3刷
カルマを読み解き現実に役立てる占星術。
本多信明 著
A5判／並製／1300円＋税
978-4-916217-78-3

実践インド占星術 2刷
ワンランク上の実践的指南書。
本多信明 著
A5判／並製／3400円＋税
978-4-916217-96-7

暦の力で運を興す 興運のススメ
不幸を遠ざけ幸せになるため「運」を「興す」基本的なノウハウが凝縮。『九星幸運暦』を例に「暦」を読み解く。
三須啓仙 著
四六判／並製／1800円＋税
978-4-906828-42-5

基本の「き」目からウロコの西洋占星術入門 5刷
基礎から楽しく始められる入門書。
いけだ笑み 著
A5判／並製／1200円＋税
978-4-916217-71-4

続 基本の「き」目からウロコの西洋占星術入門 2刷
細分化した西洋占星術のパーツを解説。
いけだ笑み 著
A5判／並製／1300円＋税
978-4-916217-72-1

ホラリー占星術 4刷
事件や問題が起こった瞬間の星の動きに注目。
いけだ笑み 著
A5判／並製／2200円＋税
978-4-916217-73-8

『My Calendar』バックナンバー　AB判／1200円＋税

創刊号　2019年春号

第2号　2019年夏号

第3号　2019年秋号

第4号　2020年冬号

第5号　2020年春号

定期購読のご案内

ご購入忘れがなく、お得！
詳しくは本誌、もしくは
下記バーコードから！

鏡リュウジの占い入門書

A5判／並製／各1200円＋税

❶鏡リュウジの
タロット占い　2刷
978-4-906828-12-8

タロット占いのエッセンスをまとめた、わかりやすくて楽しい入門書。初めての人でも、本書を片手に占える本。ウエイト版ほか4種のカードもご紹介。

❷鏡リュウジの
12星座占い
978-4-906828-13-5

誕生日でわかる12星座占い。シンプルだが、豊かな読み方を含み、複雑な占星術の入り口になる。自分という小さな星座の物語をつむぐ一冊に。

❸鏡リュウジの
魔女と魔法学
978-4-906828-19-7

著者が幼年期から関心を深めていた魔女と魔術。歴史をひもとき、現代の魔女を追求する。ペンタグラムの描き方一つで悪い運気を遠ざける方法も。

❹鏡リュウジの
ルネーション占星術
978-4-906828-25-8

「ルネーション（月の満ち欠け）占星術」は、太陽と月の角度から生じる「月相」で占うD・ルディアが提唱した技法。月の光があなたの運命を照らし出す。

❺鏡リュウジの
夢占い
978-4-906828-29-6

「シンボリック夢事典」編を中心として、著者の豊かな学識から紡がれる「夢解釈の歴史」の興味深いエピソード、読者の画期的な夢解釈を紹介！

❻鏡リュウジの
世界のひとり占い
978-4-906828-48-7

世界中で、昔から親しまれてきたシンプルな占いのうち8種を収録。ピュタゴラスの輪、ジオマンシー占い、コイン占いほか。切り抜き式ダイス付き。

松村潔の本

新刊
西洋占星術哲学
西洋占星術についての思索をまとめた1冊。理解する上で数字の概念と哲学は外すことはできません。対話問答として解き明かしていきます。
四六判／上製／6500円＋税
978-4-906828-58-6

新刊
タロット哲学
『西洋占星術哲学』の姉妹編。タロットの深淵が本書に詰められています。
四六判／上製／6500円＋税
978-4-906828-60-3

トランスサタニアン占星術
トランスサタニアンとは天王・海王・冥王星の3天体のことを指す。登場することで起こった占星術の考え方の変化について注目し解説。
A5判／並製／3800円＋税
978-4-906828-55-5

夢探索 夢から力を引き出す本
夢には無限の可能性と力がある。本書では特にタロットと西洋占星術に着目して探索。本当の「私」を発見するヒントが隠されている。
A5判／並製／3800円＋税
978-4-906828-56-2

タロットの神秘と解釈 2刷
タロットカード研究の大家、松村流タロットカードの完全解説書。『タロットの宇宙』と著者の試論と哲学を比較しつつ、カード1枚1枚を丁寧に掘り下げていく。
A5判／上製／8600円＋税
978-4-906828-47-0

タロット解釈大事典 3刷
2枚1組での読み解きに主眼。462組を解説。
A5判／並製／3800円＋税
978-4-916217-75-2

ディグリー占星術 5刷
ホロスコープの度数から自身を読み解く。
A5判／並製／2400円＋税
978-4-916217-99-8

トランシット占星術 5刷
出生図と通過する惑星の相互作用で未来を予測。
A5判／並製／2400円＋税
978-4-916217-86-8

ヘリオセントリック占星術 2刷
価値観を180度変える力を与える新占星術。
A5判／並製／2400円＋税
978-4-916217-94-3

パワースポットがわかる本
パワースポットの解説とお奨め36か所を紹介。
四六判／並製／1300円＋税
978-4-916217-87-5

水晶透視ができる本 3刷
未来や過去、深層心理がわかる実践透視術。
A5判／並製／2200円＋税
978-4-916217-90-5

あなたの人生を変えるタロットパスワーク実践マニュアル 2刷
カードの1つ1つにイメージで入る瞑想法。
A5判／並製・CD付き／2800円＋税
978-4-916217-84-4

みんなで！アカシックリーディング
透視、予知の仕組みや読み解き方を解説。
A5判／並製／1300円＋税
978-4-916217-77-6

本当のあなたを知るための前世療法 インテグラル・ヒプノ独習マニュアル
ヒプノセラピーの研究と実践から生まれた本。
A5判／並製／2400円＋税
978-4-906828-01-2

クラウドスプレッド タロットリーディング

同じカードを2セット使い読み解く占法。

A5判／並製／3800円+税

978-4-906828-06-7

三次元占星術 [3刷]

ヘリオセントリックを進化させた最新の占星術。

A5判／並製／2800円+税

978-4-906828-10-4

アスペクト解釈大事典 [6刷]

本書では10天体のアスペクトの組み合わせを総数460解説。他に類を見ない大事典。

A5判／上製箱入り／10000円+税

978-4-906828-34-0

ボディアストロロジー [6刷]

身体と占星術を融合させたもの。宇宙との結びつきを紐解き、医師の立場で藤森理子氏に監修と寄稿も。

A5判／並製／3800円+税

978-4-906828-28-9

完全マスター 西洋占星術 [19刷]

西洋占星術の大家による本格的解説書。

A5判／上製箱入り／4500円+税

978-4-916217-40-0

完全マスター 西洋占星術Ⅱ [4刷]

ロングセラーの第2巻。10名の寄稿文も掲載。

A5判／上製箱入り／5800円+税

978-4-906828-21-0

鏡リュウジの本

ソウルフルタロット [5刷]

人気サイトの書籍化。大小アルカナ78枚付き。

箱入りカード付き／2800円+税

978-4-916217-43-1

鏡リュウジの占い大事典 [2刷]

鏡リュウジ占いの全て。ファン必読書。

四六判／並製／1500円+税

978-4-906828-04-3

ユング・タロット [3刷]

マギー・ハイド・鏡リュウジ 共著

心理学者ユングが説く元型を22枚のカードに。

四六判／化粧箱入り22枚カード付き／2800円+税

978-4-916217-98-1

占星術夜話

星々をめぐる全60話の物語。その1話1話に著者の占星術への熱い想いがこめられている。

四六判／上製／2800円+税

978-4-906828-22-7

浅野八郎の本

「カバラ」占いの書 [5刷]

ユダヤの秘儀、数秘術。著者50年の集大成。

A5判／並製／1900円+税

978-4-916217-69-1

浅野八郎の占い心理学大全

心を読む、誰でも使える100の方法。

四六判／並製／1500円+税

978-4-906828-02-9

藤森緑の本

はじめての人のためのらくらくタロット入門 [14刷]

超入門書。占い手順を丁寧に解説。

A5判／並製／1200円+税

978-4-916217-65-3

続 はじめての人のためのらくらくタロット入門 [14刷]

小アルカナ56枚を中心に解説した続編。

A5判／並製／1300円+税

978-4-916217-66-0

ザ・タロット [6刷]

78枚フルセットをオールカラーで紹介。

A5判／並製／2500円+税

978-4-916217-92-9

実践 トート・タロット [3刷]

オカルティックな魅力のトート・タロットを楽しくわかりやすく解説。

A5判／並製／2800円+税

978-4-906828-18-0

占い選書

「21世紀に残したい占い」をテーマに2014年に創刊、好評発売中！運命学の知恵の源である占いを、現代の生活や考え方に沿うよう、よりわかりやすく、入門者向けに、コンパクトな形で編集！

新書判／並製／各1000円+税

1 簡単でわかりやすい タロット占い

L《ル》U《ア》A 著

タロット占いの歴史からカード78枚の解説、占い方を網羅したタロット占いの教科書。

978-4-906828-08-1

2 悩み解決のヒントが得られる ルーン占い

藤森緑 著

ルーン文字25個の解説、占い方、Q&Aを盛り込んだ、初心者から学べるルーン占い。

978-4-906828-11-1

4 手のひらで心が読める 西洋手相占い

ゆきまる 著

[illegible]方、感情線、頭脳線、生命[illegible]。

978-4-906828-17-3

5 すべてがわかる384爻《こう》 易占い [4刷]

水沢有 著

易は生きていくための必要な叡智、すべての答えは64卦にある、と説く。易占いの入門書。

978-4-906828-20-3

6 もっと深く知りたい！ 12星座占い

月星キレイ・芳垣宗久 著

性格、金運、結婚運など12項目に渡り解説。星座別に1年の運気や運勢も詳細に。

978-4-906828-23-4

7 はじめてでもよくわかる！ 四柱推命 [3刷]

富永祥玲 著／大石眞行 監修

十干十二支や陰陽五行説の考え方から命式の作成方法、解読法。適職、健康、恋の運勢も。

978-4-906828-24-1

8 運を開く27宿の教え 宿曜占星術 [2刷]

宇月田麻裕 著

古代インドの密教をもとに編み出され、東洋のホロスコープ（占星盤）による占星術。27に分類。

978-4-906828-27-2

9 女神からの愛のメッセージ 小惑星占星術

芳垣宗久 著

一人の女性の人生において、さまざまな角度から小惑星＝女神からのメッセージを得る。

978-4-906828-32-6

10 一生の運勢を読み解く！ 紫微斗数占い

照葉桜子 著／東海林秀樹 監修

台湾で大人気、旧暦変換した生年月日時をもとに運命や運勢などを判断する占い。

978-4906828-37-1

11 九つの星で運命を知る 九星術

鎗田宗准 著

一白水星から九紫火星まで九つの星で運勢や相性、吉方位などを導く中国発祥の占法。

978-4906828-40-1

12 大地からの16の神託 ジオマンシー占い [2刷]

高橋桐矢 著

「ジオマンシー」はアラビア半島で生まれた「土占い」のこと。16の神託が吉凶を判断。

978-4906828-43-2

13 人生を豊かにする 人相術 [2刷]

天道観相塾 著／天道春樹 監修

奥深き人相術を誰もが理解でき、使いこなせるようにまとめた本。開運に導く方法も。

978-4906828-50-0

14 新刊 もっともわかりやすい 現代式姓名判断

ジュヌビエーヴ・沙羅 著

姓名の画数を旧字体に直さず、日常使用の姓名の漢字で画数を出し診断する新しい診断法。

978-4906828-59-3

株式会社説話社　〒169-8077 東京都新宿区西早稲田1-1-6
TEL：03-3204-8288　FAX：03-3204-0355　http://www.setsuwa.co.jp

線、運命線の基本タイプなど…
…ホを実現。

A5判／並製／1200円＋税

978-4-916217…

ザ・ルノルマンカード 7刷

フランスの女性占い師の名にちなんで名づけられた36枚のカードの解説と読み方。

香《かおり》 著

A5判／並製／3800円＋税

978-4-906828-36-4

72のアドバイス 幸せをつかむ 人相占い入門

女性のための開運人相診断本。

マドモアゼル・ミータン 著

A5判／並製／1200円＋税

978-4-916217-68-4

光《み》玲《れい》おばあちゃんのかんたん手相占い入門

誰でもできる、今日から始められるお手軽手相占い入門書。

紗野光玲 著

A5判／並製／1200円＋税

978-4-916217-70-7

コスモナイン

東洋の気学と西洋の数秘術を組合せた占術。

永瀬久嗣 著

A5判／並製／1300円＋税

978-4-916217-79-0

算命学姓名開運法 2刷

姓名判断の画数に算命学をプラス！

原田明穂 著　清水南穂 監修

A5判／並製／1800円＋税

978-4-916217-82-0

完全マスター タロット占術大全 5刷

多角的視点による上級者向けタロット解説書。

伊泉龍一 著

A5判／上製箱入り／4500円＋税

978-4-916217-55-4

完全マスター 紫微斗数占い 2刷

中国、台湾で人気のある東洋の占星術。「命盤」で運勢吉凶などを見ていきます。

東海林秀樹 著

A5判／上製箱入り／5800円＋税

978-4-906828-31-9

完全独習版 子平推命 6刷

中国五術運命学の最高峰を詳細にまとめた本。

小山眞樹代 著

A5判／上製／5600円＋税

978-4-916217-83-7

現代方位術大全 6刷

方位術を実践的視点でまとめた大全書。

林 巨征 著

A5判／並製／5200円＋税

978-4-916217-93-6

星が導き出す ハーバルアストロロジー

西洋占星術とアロマを融合させた占術。

岸延江 著

A5判／並製／1600円＋税

978-4-916217-80-6

ズバリわかる イーチンタロット入門

東洋の易と西洋のタロットを組合せた占い。

天河日月 著

A5判／並製／1300円＋税

978-4-916217-95-0

実践易占い 2刷

サイコロやコイン、4桁の数字で占う。

駒村慧瓊 著

四六判／並製／1800円＋税

978-4-906828-16-6

あなたの願いを叶えてくれる ルーン占い入門

ルーン文字の誕生から占い方まで。

石川楓花 著

A5判／並製／1300円＋税

978-4-916217-91-2

#運勢コスパ 効率よく運を上げる50の裏ワザ

「たったそれだけで運がよくなるの!?」という裏ワザを、コミカルなストーリーで紹介する開運本。労力をかけず、運を上げる方法。

大石眞行 監修／神保賢志 イラスト

四六判／並製／1200円＋税

978-4-906828-49-4

カード

ザ・トート・タロット 4刷

78枚をカラーで紹介。1枚引きの今日の運勢も。

伊藤マーリン 著

A5判／並製／3800円＋税

978-4-916217-97-4

コンポジット占星術

2人のホロスコープを重ねる相性診断術。

伊藤マーリン 著

A5判／並製／2800円＋税

978-4-906828-07-4

ハーモニクス占星術 2刷

調波チャートを用いた西洋占星術の技法の一つ。

神谷充彦 著

A5判／並製／2800円＋税

978-4-906828-26-5

スペルズ 12刷

世界中でベストセラーのおまじない事典の監訳。

ジュディカ・イルス 著

A5判／並製／5800円＋税

978-4-906828-00-5

魔夜峰央タロット

1980年、他社刊行の『タロット占い-トランプ占い・遊び方付き』の完全復刻版！

魔夜峰央 著

箱入り／3800円＋税

978-4-906828-30-2

スピリチュアル／ヒーリング

優しい光のメッセージ

聖なる母性からのメッセージ集「あなたが輝き出すと人生の波動が変わる」など40本。CD付き。

姫乃宮亜美 著

四六判／並製／1800円＋税

978-4-906828-41-8

魂のエレガンス 3刷

美と幸福は自分を磨くことで内側から輝く。

姫乃宮亜美 著

四六判／並製／1800円＋税

978-4-916217-45-5

自分探しのアカシックリーディング入門 2刷

アカシックレコードの一問一答と実践法。

齊藤つうり 著

四六判／並製／1200円＋税

978-4-906828-03-6

郡山の陰陽師 橋本京明魂の詞 2刷

TVで話題を呼んだ著者の魂のことば集。

橋本京明 著

四六判／並製／1200円＋税

978-4-916217-89-9

一般書

メディカルハーブハンドブック 2刷

本場の英国で学び、活躍している著者による、伝統的なハーブの使い方と最新の使い方の両面を合わせてまとめあげたもの。

リエコ・大島・バークレー 著

A5判／並製／4200円＋税

978-4906828-51-7

熊野古道 巡礼の旅 よみがえりの聖地へ！ 2刷

人生を大きく変える力を秘めた「熊野古道」の歩き方や魅力を、実体験をまじえてレポート。

髙森玲子＋熊野古道女子部 編著

A5判／並製／1600円＋税

978-4-906828-33-3

神話と伝説にみる 花のシンボル事典 2刷

花の名には1つ1つ歴史や物語があり、花言葉と異なる「シンボル」がある。220種を紹介。

杉原梨江子 著

A5判／並製／2800円＋税

978-4-906828-35-7

新宿の母が伝えたいこと しあわせになろうね

昭和33年から新宿の街頭で相談者の悩みに助言、420万人を勇気づけてきた新宿の母の選り抜きのことば集。

栗原すみ子 著

四六判／並製／1000円＋税

978-4-906828-45-6

鳥で、お正月に唐の国から日本に渡って来て、その鳥の羽根やフンが地上に落ちると、悪い疫病を蔓延させると言われているのだ。

そのため人の健康長寿を祈る人日の日には、春の七草の若菜の生命力を身体に取り入れて、鬼車鳥の運ぶ疫病を追い払い、またその鬼車鳥を家や里から追い払うため、大きな声で七草囃子を歌いながら、その言葉に合わせて文字の数だけ包丁でたたき、そのたたく音で鬼車鳥を追い払おうとしたのだ。

この七草囃子の歌詞は、七音の言葉が七つ合わさってできている。これに合わせて包丁でたたくと、七×七で四十九回。この四十九という数は、中国の陰陽五行に基づいて、この世の気の流れや変化を表す、五行、七曜、九星、二十八宿を合わせた数。四十九回音を打ち鳴らすことにより、陰陽五行の力で宇宙の気のパワーを引き出そうとしたもの。

またこの囃子歌の最後の「亢觜斗張」は、それぞれ二十八宿にある宿で、**疫病の蔓延を防ぐ力**があるとされ、鬼車鳥を退散させるおまじないの呪文とされている。

実は冬場にはやるインフルエンザは、冬のこの時期に大陸から日本へとやってくる渡り鳥が運んでくると言われている。今ほど医療技術が発達していなかった昔の日本では、インフルエンザなどの伝染病や疫病が深刻な問題で、人々はそれが大陸唐土から渡ってくる鳥のせいだと気がついていたのだろう。

それが七草囃子の歌となって伝承されて、野菜の少ないこの時期に、七草粥でビタミンやミネラルを補給して、インフルエンザや疫病に備える風習として、人日の節句が行われて来たのだと思う。

コロナ禍に襲われる今の日本でも、この人日の風習は役に立つと思う。古代の人が疫病の原因を探り、その対処法を風習として今日に残したように、われわれもコロナの恐怖におびえるのではなく、よく知り、正しく恐れて、備えることが重要だと思う。

唐土から日本に疫病を運ぶのが怪鳥なら、それを救うとされるアマビエもやはり怪鳥なのが、少し皮肉に感じるのはマークだけだろうか。

★三月三日「上巳《じょうし》の節句」——元祖桃の節句は川の女神の祭祀

三月三日はひな祭りで桃の節句、女の子の節句と言われているけれど、本当はもっと別の意味があり、特別な日。そんなひな祭りに隠された、秘密を解き明かしてみよう。

本来三月三日は「上巳の節句」と言い、春の水ぬるんだ川で、冬の間に身についた垢や穢れを清める、禊の儀式が発祥だと言われる。中国の都があったところでは、冬は源流が凍って川が涸れ、春のこの時期に雪や氷が解けて川の流れが蘇った。その蘇りの水に身を浸して、わが身の再生を願ったのが、この上巳の節句の始まりなのだろう。

上巳の「巳」は蛇のことで、蛇は川の女神の化身とされ、もともとは、三月の初巳《み》の日に行われた宮中儀式が、陰陽五行と合わさって、三月三日となった。

本来の上巳の節句は、川の女神を祀る行事で、川に入って禊をしたり、身体の穢れや病を紙や藁の人形に宿して、川に流して身を清める、川のお祭りだった。

禊の祭りからひな祭りへ

遣唐使が伝えた大陸の文化とともに、日本に伝わったこの上巳の節句や禊の風習は、やがて宮中行事として日本の文化の中に根づいていった。しかし雅を貴ぶ公家や貴族たちは、水ぬるむ季節とはいえ、まだ冷たい川の水で身を清める禊を容易に受け入れられるはずもなく、また女性が人目のある川で裸になって禊をするのは恥ずかしい、とはばかられた。

そこで自分の身を象《かたど》った藁や紙で作った人形に、自分の厄や禍を託して川に流すようになった。これがひな人形の原型となる流し雛の始まりなのだ。

中国では、この上巳の節句に、貴族や文化人たちが川辺で詩歌を読み、川に流した杯で桃の花を浮かべたお酒を飲む風習があった。その儀式が、平安時代には、雅びを貴んだ公家や貴族の手で華やかな宮中行事へと取り入れられ、「曲水の宴」という儀式へと発展していった。宮中の庭園に造られた、曲がりくねった小川に杯を浮かべて、その杯が自分の前にくる前に歌を詠み、その杯でお酒を飲むというものだ。

川に流した杯で飲むお酒には、川の精が宿って体の中から身を清めるとされ、それが今日のひな祭りの白酒へと変わり、赤白緑のひし餅や、ひなあられなど

のひな祭りのお菓子や料理も、この上巳の節句の宮中儀式の中から生まれてきた。

女の子の幸せを願うひし餅、あられ、白酒

ひな祭りに出されるお菓子や料理には、女の子が幸せになるための、祈りや魔力が隠されている。たとえば白酒は、本来は桃の花びらを浮かべた桃花酒《とうかしゅ》と呼ばれるお酒で、中国では、桃は赤ちゃんの生命力を表す木で、そのお酒には生命力が宿る。またモモという呼び名は百のモモに繋がり、百歳の長寿にあやかる。百から一を取ると白になるので、当時のお酒の色にちなんで白酒となった。

ひし餅は、水辺に実る菱の実を入れた浄化を願う白いお餅と、芽吹いたばかりの蓬《よもぎ》を入れた、生命力の再生を願う緑の草餅の二色だった。昔、宮中では祝い事があると、のし餅を何枚も重ねて飾り、切り分けて、女官や役人たちに賜り物として配る風習があった。ひし餅はその名残。本来は白と緑の二色で、明治時代になるとクチナシの実で赤黄赤に染めた華やかさを願うお餅が加わり、ひし形に整えられて、三色のひし餅になった。

ひなあられは、そのひし餅を、持ち帰った役人たちが、小さく砕いて鍋で炒り、あられとして食べたのが始まりだ。

お料理の五目ちらしやバラ寿司は、春の野山の芽吹きの生命力に見立て、それを食べることで命の再生と子孫繁栄を願い、ハマグリのお吸い物は、昔の嫁入り道具の貝合わせにちなみ、幸せな結婚ができるように、と願いを込めた。夫婦に見立てて、開いた貝の両側に一つずつ、貝の身を載せるのが決まり事となっている。

身代わりで用いられたのがひな人形の始まり

人形はもともと呪術的な意味が強く、人類最古の人形は豊穣と繁栄を祈った女性を象った土偶で、初めは願いを込めた女神像だった。

しかし時代が下って王朝文化が栄えると、皇帝や権力者が亡くなったときに、家臣や従者が墓に生き埋めにされる殉死者の身代わりとして、兵馬俑や埴輪のような土人形が作られるようになった。やがて人形は人の病気や禍を背負う、身代わりのような役割を果たすようになったのだ。

そして宮廷儀式や加持祈祷などの神仏に祈る儀式でも、板や紙で作った人型の形代《かたしろ》や藁人形が、人の身代わりとして用いられ、燃やされたり、釘で打ちつけられたりした。その身代わり人形が、上巳の節句の禊の儀式などと結びつき、人に宿った穢れを水に流して清める、流しびなとなった。

また身代わり人形は、幼い赤ちゃんの枕元に置いて身代わりとした。天児《あまがつ》人形が『源氏物語』に登場するが、赤ちゃんの成長を願う、這い子と呼ばれるハイハイした赤ちゃんを模した人形が今でも売られており、その名残のようだ。

公家や貴族の女の子たちは、小さな御所やご殿を作って、人形をそこに並べて雅な宮中ごっこの遊びがはやった。その遊びを子どもたちは「ひひな遊び」と言っていて、それがひな人形や、ひな祭りの語源となったと言われている。

ひな人形に隠された意味

最初のひな人形は、流しびなから派生した、藁に紙や布をかぶせたものや、土や木彫りの人形だった。自分の身代わりの一体の人形が、ままごとのような遊びで男女一対となり、やがて宮中ごっこのひひな遊び、きらびやかな御殿の背景や道具と共に、三人官女や五人囃子など役割を模した人形たちが増えていった。

時代が下って武士や貴族の嫁入り道具となると、親同士の権勢を競った見栄えを表すように、ひな人形も豪華絢爛になり、今日の段飾りになった。そのおひな様たちにも役割や、その人形に隠された願いや意味がある。

お内裏様とおひな様。この二体だけを飾ったものを「親王飾り」という。本来は二体だった。内裏というのは、天皇の私的な空間を指す。親王飾りの男びなと女びなを合わせてお内裏様というのが正式な名称。おひな様とは、飾られた人形全体の総称だ。ここでは一般的に、男ひなをお内裏様、女びなをおひな様と呼ぶことにする。

このお内裏様とおひな様。どちらが右でどちらが左かわかるかな？　実はどちらも正解。関西では「京飾り」と言って、向かって右がお内裏様で左がおひな様。明治以前は宮中の並びは中国式で、左（向かって右）が上座とされた。それは宇宙の中心である北極星を背にして、昇る朝日を貴んで東を上座にしたからなのだ。明治になり皇居が東京へ移ると、英国の皇室にならい、西洋式の右（向かって左）が上座の慣習が取り入れられた。大正天皇の即位以降、皇室の並びは右が上位とされ、「関東飾り」は、向かって左が、お内裏様となった。

お世話係の三人官女、歌と音楽で式を華やかに盛り上げる五人囃子など、役割を持たせて、婚礼の儀を模している。ひな祭りは、親が娘の健全な成長と、幸せな結婚を願うお祭りで、ひな人形は、華やかな結婚式と、娘の晴れ舞台を象徴する、願いを託した人形たちなのだ。

つるしひなと酒田の伝説「傘福」

豪華なおひな飾りは、武士や貴族や、裕福なお金持ちの家でしか飾れなかった。

それでも一般の人たちも子どもや孫は可愛いもので、ひな祭りの日に家族や親戚や近所の人たちが、それぞれの家の娘さんのために、端切れで縁起物の人形を作って持ち寄った。それを紐でつるしてお祝いをしたのが、つるしひなの始まりと言われている。

一般の人々が裕福になると、おひな飾りを飾るようになり、つるしひなは廃れていった。地方によってはその風習が残り、福岡県の柳川や、静岡県の稲取、山形県の酒田では、つるしひなの伝統を観光の資源として活用している。

酒田市は、広げた傘の中につるしひなを下げ、そのまわりを布で覆った「傘福」と呼ばれるお飾りが有名。その昔、酒田市一帯を治めていた庄内藩のお殿様が、美女を見そめるとすぐに城中にお召しとなった。そのため女性たちは外出や農作業で出かけるとき、ハンコタンナと呼ばれる黒い覆面を巻いて、顔を隠したという。その伝説にちなんだものの、と伝えられている。

ひな祭りは、親が子どもの無事と成長を願う、その愛情から生まれたお祭り。とくに女の子は、やがて大人になると家を離れていくので、その心配や思い入れもひときわ強いはず。そんな親たちの愛情を、このひな祭りに思い出してくれるとうれしい。

★五月五日「端午の節句」——始まりは五月女をねぎらう行事だった！

端午の節句は中国では、旧暦の五月を干支の「午《うま》」の月とされ、その最初の午の日（端午の日）を午が重なる特別な日として、これから夏の暑さと雨季の湿気とで病魔が蔓延するその予防策として、野山に出でて、山菜や薬草を摘み、料理や漢方薬として体内に取り入れようとした。

春になると、季節の変わり目で体調を崩すことがある。これは五行説では、冬に溜まった水の気が、新しい季節の気と合わずに悪さをすると考えた。水の気を中和させるため、火の気を持つ山菜や薬草などの苦味を身体に取り入れるのだ。

また午は、五行では火に当たるため、午の月日が重なる端午の日は、薬草の働きが強まるとされ、この日に野山に出て薬草を摘む「薬狩り」という行事も行われた。そして夏の気である火の気を身体に取り込んで、来たる雨季の湿度と夏の暑さに備えようとしたのが端午の節句の始まりだ。

その端午の節句が、午の日から五月五日に変わったのは、逸話が残されている。中国の戦国時代、楚《そ》という国に屈原《くつげん》という優れた政治家がいて、王や国民に尊敬されていたが、政敵の陰謀で失脚し、無実を訴えて入水自殺をした。

その日が五月五日で屈原忌とされて、人々は川底に沈んだ屈原の遺体を魚が食べないように、船を漕ぎ出し川にちまきを投げ入れた。その屈原忌が、後に中国全土に広まって、同じ火の気が重なる五月五日を「端午節」とされ、屈原忌のペーロン舟やちまきが端午節の風習に取り入れられた。

この端午の節句は、陰陽五行や暦の節目の考え方とともに中国から朝鮮半島に伝わり、わが国には、大和時代に百済から派遣された五経博士《ごきょうはかせ》によって、儒教の思想とともに伝えられた。

奈良時代の宮中行事「薬狩り」

大和時代に百済から伝わった端午の節句の風習は、儒教思想や陰陽五行説などと共にわが国に根づいていった。上巳や七夕の節句とともに、朝廷文化の中に溶け込み、奈良、平安の時代には、宮中行事として記録を残している。

この端午の節句の前に、奈良時代には、薬狩りとして役人が野や山に出でて薬草や山菜などを摘んできた。この時期は春に生え変わった鹿の袋角を、漢方薬の鹿茸《ろくじょう》にするため、野生の鹿を狩ることもされた。

集められた薬草や鹿茸は、乾燥させて細かく刻まれ、小さな錦の袋に詰め、魔除けの働きがあるとされた菖蒲《しょうぶ》や蓬《よもぎ》の葉で飾られ、薬玉にされて朝廷の役人や家臣たちに配られたのだ。薬玉は匂い袋や、病気のお見舞いや縁起物の久寿玉《くすだま》として現在に残っているが、その始まりは、春の薬草を常備薬とした、救急箱の起源だった！

また、旧暦の五月五日は初夏の田植えのシーズンでもある。五経博士によって伝わった陰陽五行の考えでは、田植えや種まきは、子どもを産み育て、子孫繁栄をもたらす女性の仕事とされ、田植えをする女性たちを、五月女《さおとめ》と呼んで大切にしていたのだ。

田植えの儀式をする五月女たちは、川での禊をすませたあと、田んぼのそばに建てられた魔除けの菖蒲や蓬を飾った小屋に、山から神様を招いてご馳走をふるまったり、楽しい踊りを見せたりして、神様をおもてなししたのだ。神様を接待する五月女たちは、いつしか神様の化身となって、水を引いた田んぼに出て苗を植える。五月女たちが植えた田は神様に見守られて、すくすく育ち、秋には豊作になると信じられたのだ。

これが今日のお田植え神事の始まりとなり、踊りや芸能も、田楽芝居として伝わっている。つまり端午の節句は、初めは男の子のお節句ではなく、むしろ女の子や女性のための節句だったのだ。

女性の節句から男の子の節句へ

端午の節句が女性の節句から男の子の節句へと変わったのは、武士の勢力が台頭した鎌倉時代からだと言われている。もともと、端午の節句は病魔を祓う、「厄除け」の行事であったことから、武力で国を害する敵や悪魔を退治するという、武士の存在意義や価値観を象徴するものと捉えられたのだろう。魔除けの菖蒲は、葉の形から、刀に見立てられ、その鋭い葉の切っ先で邪気を退け、また菖蒲の名は尚武《しょうぶ》になぞられ、武術を尊ぶ武士の精神とされた。覇権を争う戦国時代になると、端午の節句は、ますます武士の節句、男の子の節句の色を深めた。

時代が下り世の中が安定すると、菖蒲は勝負《しょうぶ》になぞられて、博打やゲームの勝敗を競うようにもなった。たとえば菖蒲の葉で、地面をたたいてその土地の邪気を祓う菖蒲打ちの儀式は、菖蒲の葉を編んで鞭を作って地面をたたき、音の大きさで勝敗を競う遊びとなった。メンコやコマで勝ち負けを競い取り合う遊びも、男の子が端午の節句に遊ぶ、節句遊びとなったのだ。

そして、武士の社会が安定した江戸時代には、幕府によって端午の節句は、男子の成長や出世を願う年中行事として、五節句の中に入れられた。幼い子どものいる武家では、家紋を染めた幟印《はたじるし》を門口に立てたり、床の間に邪気や厄病を祓うとされる中国の軍神の鍾馗《しょうき》や虎の絵の屛風を立てて、鎧兜や武者人形を飾るなど、その家の跡継ぎの出世や成長を願った。武者のぼりや戦場で風向きを知る吹き流しを門口に立て、それが発展して現在の鯉のぼりの形になった。

菖蒲が魔よけとして使われた理由

五月五日の子どもの日には、お風呂に菖蒲の葉を浮かべた菖蒲湯に入る家庭も多いと思うが、菖蒲湯のような風習は、どこから生まれたのだろうか。

もともと端午の節句は、古代中国の薬狩りの風習から派生したもので、菖蒲は蓬と共に、薬草の中心的存在だった。

中国では、旧暦の五月を悪月《あくづき》と呼んで、これから始まる雨季の湿度と夏の暑さで蔓延する病魔や災厄を、薬草によって防ごうとした。この時期、野山に勢いよく萌え盛る菖蒲と蓬は、生命力の満ちあふれた薬草として珍重され、若葉の香りが病魔や災厄を退けると信じられたのだ。そのため端午の節句では、菖蒲湯に限らず、菖蒲と蓬は玄関や門口などに飾られ、「魔除け」の風習に使われたのだ。

菖蒲湯は、節句の禊の風習と同化して生まれたものだが、当時の入浴は湯堂や湯殿と呼ばれた浴室で湯を沸かし、その蒸気を部屋に満たした蒸し風呂形式で、菖蒲湯は、菖蒲や蓬をその湯で蒸して、その香りを部屋に満たしたもの。

この入浴法は、仏教とともに日本に伝わったもので、江戸時代まで入浴の主流だった。その後、庶民の間では、桶やタライに湯や水を張って浴びた行水が広まり、それが湯船につかる入浴の始まりとされている。湯船に浮かべて入る菖蒲湯は、お湯が自由に使えるようになった、わりと近年に生まれた風習なのだろう。

端午の節句の行事食

端午の節句の食べ物と言えば、童謡にも歌われた、ちまきが思い浮かぶ。ちまきと言えば、日本では甘いお菓子と思い浮かべがちだが、古代中国で食べられた本来のちまきは、もっと違った味のようだ。もち米を灰汁《あく》に一晩漬けた後、竹の皮や笹の葉で包み、その灰汁で炊いた食べ物。灰汁のアルカリ性の働きで殺菌効果がある保存食だが、苦みの強い食べ物だった。

端午の節句は、冬に溜まった老廃物や冬の水の気を、薬草や山菜の苦みで中和させようとしたのが起こりで、この時期に苦い灰汁で作ったちまきを食べるのも、苦みで夏の火の気を体内に取り入れようとしたものなのだろう。

ちまきは、大和時代から奈良時代にかけて中国の王朝文化と共に日本へ伝えられたというが、当時の宮廷貴族は、甘づらという蔦から取った甘い蜜のようなものをかけて食べていたようだ。やがて砂糖を混ぜた甘い餅や、あんこを包んだ餅を竹の皮や笹の葉で巻いた、今の甘いちまきや笹団子へと発展した。

さわやかな香りを放つ蓬を餅に混ぜてついた草餅も、端午の節句の行事食として食べられた。苦い薬の餅として食べられていたが、やがて甘い餡を包んだりして食した。さらに時代が下ると、柏餅が登場。柏の葉は譲り葉と言い、新芽が出るまで古い葉を落とさない植物。代々家を受け継ぐ子孫繁栄の象徴として武家で喜ばれ、端午の節句にちまきと共に柏餅が食べられるようになった。

菖蒲は邪気を祓う魔除けの飾り物とされるが、香りの成分が血行をよくし、疲労回復を促すとされ、根は、漢方では菖蒲根《しょうぶこん》。西洋でもアイリスルートとして健胃生薬や腹痛を治める鎮痛や鎮静薬として使われた。

端午の節句では、この菖蒲の根や、菖蒲の葉のつけ根の白い部分を、お酒に漬けて香りを移し、その菖蒲酒《しょうぶしゅ》を飲むことで、体内の邪気が祓われ、夏の暑さや雨季の湿気に負けない、健康な体になれるとされている。他にもたけのこご飯を作ったり、ワラビやゼンマイなどの山菜を料理して、行事食として楽しんだ。

端午の節句から子どもの日へ

江戸時代に幕府によって年中行事として定められた五月五日の端午の節句は、昭和二十三年七月二十日に、国民の祝日に関する法律で「こどもの日」として制定された。その条文によると、子どもの人格を重んじ、子どもの幸福をはかると共に母に感謝する日、とされている。戦後の男女平等の精神が反映された新憲法に基づき、男の子も女の子も平等に、その成長と幸福を願う日とされた。さらには、子どもをこの世に生んでくれた、偉大なる母親への感謝を表す日とされたのだ。

思えば端午の節句は、病魔や災厄から命を守る薬狩りから端を発して、命を生み出す女性の能力を重んじる、五月女のお田植神事へと進化した、言わば命のお祭りだ。それがいつしか命を危うくする戦《いくさ》への出陣の祭りへと変貌を遂げた後、悲惨な世界大戦を経て、子どもの未来や幸福を願い、さらには、子どもの命を生み出した偉大なる母への感謝を捧げるこどもの日となったのも、何かの運命《さだめ》のように思えてならない。

いま（令和二年）世の中は、新型コロナウイルスが世界中に蔓延している。未来を託す子どもたちのために、私たちができることは何なのかを、もう一度考えてみたい。

★七月七日「七夕《しちせき》の節句」——豊作の実りを願って

「♪笹の葉サ〜ラサラ、軒端に揺れる、お星さまきらきら、きんぎん砂子〜」

この季節になると子どもたちが夜空を見上げ、梅雨空の雲の隙間から見える星に向かって、こんな歌を歌ったのは、もう昭和の思い出……なのだろうか。

七月七日の七夕は、本来は七夕《しちせき》の節句という。陰の数字が並ぶ、縁起の悪い日とされて、その禍を祓うための禊の行事が行われた日なんだ。

また旧暦の七月十五日はお盆で、この日、夜空に浮かんだ満月を地獄の蓋が開くと見立てた昔の人は、その一週間前の七夕の日の半月を、地獄の蓋が開くお盆の最初の日として、あの世から戻ってくるご先祖様を迎える準備を始める日としていたんだ。

とくに稲作文化が根づいた頃は、太陽の力が強まる夏至を過ぎたこの時期は、地上に陽のパワーが満ちあふれ、その生命力によって稲穂が実を結ぶと考えられていて、その生命力によってご先祖様が蘇り、豊作の実りを持って帰って来ると信じられていた。

そのため今でも稲作農家の古い家では、七夕の日に庭に二本の笹竹を立て、その間に稲藁をよった縄を張り、真菰《まこも》や茅《ちがや》、萱《かや》で作った雌雄の馬を向かい合わせにつるし、季節の野菜や蓮の葉などを供えた精霊棚を作って、ご先祖を迎える風習が残っている。

笹竹も、真菰も茅も暑いこの時期、青々と茂る生命力を表す植物なので、その生命力にあやかって、ご先祖の復活や稲の実りを願っているのだろう。またこの時期は神社で暑い夏を乗り切る「夏越の祓《はらえ》」（P150）が行われるが、そのとき行う「茅の輪くぐり」も、茅の生命力にあやかって、体力の回復を願ったものだと思われる。

つまり七夕の本来は、上巳や端午の節句と同じで、季節の変わり目の、陰が重なる忌み日に禊で病魔や災厄を祓い、健

康や不老長寿を願う古来からの行事と、夏至の陽の気にあやかって、ご先祖の復活と、稲の実りや豊作を願う行事が重なって生まれたものだ。

仕事をさぼった罰で夫と引き離された織姫伝説

中国ではこの七夕の日には、「乞巧奠《きっこうでん》」という儀式が行われていた。乞巧奠は中国の織姫伝説に由来した、女子の機織りや裁縫、技芸上達を星に願う行事だ。

昔、天の神様の天帝に織女という機織り名人の娘がいた。天帝はそのまじめさのごほうびに、これまたまじめな牛飼いの、牽牛という婿を娶らせた。しかし織女と牽牛は夫婦になったとたん、楽しい結婚生活にうかれて仕事を忘れ、何年も遊び呆けてしまった。それを怒った天帝は、二人を天の川の両岸に引き離してしまったが、それから娘の織女は意気消沈し、みるみるやせ細ってしまった。見かねた父の天帝は、娘に、まじめに仕事を続けるなら、一年に一度、七夕の日に、天の川を渡って牽牛と会ってもよい、という条件を出した。それから織女は、機織りに精を出すようになり、七夕の日には、天の川を渡って牽牛の元へ会いに行くという。

中国ではその悲恋の話を若い娘への戒めとして伝えた。七夕の日に夜空で逢瀬を重ねる織姫と牽牛に、供え物をして祈ることで、若い娘の機織りや裁縫の上達、技芸や習い事が上達するとされ、星空の見える庭に、四本の笹竹を立てて祭壇を作った。これが乞巧奠と呼ばれる儀式で、七夕の織姫と彦星の伝説はここからきているのだ。

上弦の月（半月）が天の川をわたる船と見立てた星祭り

奈良時代になると大陸との文化交流の中で、わが国にもこの乞巧奠の儀式が伝わり、やがて宮中行事の中に、その星祭りが取り入れられた。そして平安時代には、宮中五節句の一つとして儀式化され、屛風や絵巻物にその様子も描かれている。

絵巻物によると、七夕の日、宮中では清涼殿の庭に四本の笹竹を立て、しめ縄を張って結界を作り、その中に四つの朱塗りの机を置いて、季節の山海の供え物と一緒に、五色の糸や反物、書の道具や楽器など、技芸上達を願う品々をお供えした。

また宮中で機織りや裁縫を司る女官たちは、針に五色の糸を通して赤芽柏の葉に刺し、針供養をして上達を願い、和歌や書物を司る人たちは、梶の葉に歌を書いてそれを供えて、和歌や文筆の上達を願ったという。

この日、天皇は一晩中、祭壇に香を焚き灯明を燈して、水を張ったたらいに移した夜空の天の川を見つめて、織姫星と彦星の楽しい逢瀬を祈ったのだとか。

織姫星はこと座のベガ、彦星はわし座のアルタイル。この二つの星は天の川をはさんで向かい合わせに輝いているが、二つの星が七夕の日に急接近して寄り添うことはない。

ではなぜ、この日に天の川を渡って逢瀬、という話が生まれたかというと、旧暦で七月七日は上弦の半月の日、これを昔の人は二人を取り持つ天の川を渡る船と見立てていた。

伝説の中には、鵲《カササギ》という鳥が天の川に橋を架ける、という話もあるが、鵲の羽を広げたその先端の白い部分は、ちょうど半月の形に見えたので、天の川にかかる船と見立てたのではないだろうか。新暦になった今では、七夕の夜は必ずしも半月ではないが、夜空に輝く月と天の川を見上げて、織姫星と彦星の逢瀬を祈ろうではないか。

笹飾りと行事食 ～織姫の機織りの糸にちなんだそうめん

戦国の乱世も終わって江戸時代になると、世の中が平和になり庶民の暮らしも豊かに。武士や貴族の子どもでなくても、読み書き算盤や技芸、裁縫などの習い事が広まっていった。それと共に技芸上達を星に願うお祭りの七夕も、庶民の中に広まっていったのだ。

しかし、庭を持たない長屋住まいの一般庶民に流行すると、供え物をする祭壇は省略され、祭壇に結界を張った笹竹だけが残った。しめ縄代わりの五色の糸や、梶の葉の変わりとして、五色の色紙で作った短冊に願い事を書いて、その笹竹に飾るようになった。笹飾りは、願い事を夜空のお星さまに読んでもらうためのもの。派手好きで負けず嫌いの江戸っ子たちは、屋根や梯子の上に笹竹を縛り、派手な飾りつけをして、目立つように工夫を凝らした。それが今に伝わる七夕の、笹飾りの始まりなのだ。

七夕が「たなばた」と呼ばれるようになったのは、庶民の女性の大切な仕事である機織りの技術が、機織り機の棚機《たなばた》で、棚機《たなばた》つ女《め》と呼ばれる職業の娘たちが、上達を願って織姫に祈ったところから、その名前が残ったと言われている。

ぼくが子どもの頃、七夕の夜の食事は、決まってそうめんだった。赤、黄、緑の色のついたのが少し混じっていて、大きく平たい木の桶に冷たい氷水を張って、キュウリやリュウキュウや缶みかんが浮かんだその中に、そうめんが盛ってあった。

食卓の真ん中にドンと置かれ、手元には鱧か鯛のあらで取った出し汁のお椀があって、そのそうめんを家族みんなでつついて食べた。薬味はネギとミョウガとおろしショウガ。このおろしショウガは、食後に出される冷たい甘酒にも入れて飲む。少し癖のある匂いが和らいで、後味がスッキリ。ぼくはこの甘酒が大好きだった。

この七夕の日のそうめんは、織姫の機織りの糸にちなんだ行事食で、白くて長いことから穢れを払って長生きを表し、健康長寿につながるのだとか。出し汁に使う鱧はとても生命力が強い魚で、その生命力で夏を乗り切り、また鯛はおめでたい魚で、これも生命力を高めて幸運を呼ぶ縁起かつぎの意味がある。

甘酒はお米を発酵させた麹から作るので、秋の豊作祈願と、米は神様が宿る食べ物なので、それを飲むことで神様の力を体内に宿した。また白い色は穢れを祓う効果がある。身体に宿った災厄を祓って、暑い夏を健康に乗り切るというご利益があるのだ。

昔の人はこの節句の行事食のように、旬の食べ物を摂ることで、体の中に気を取り入れてきた。暑いこの時期、そうめんと一緒に食べるキュウリやリュウキュウは、身体の表面の熱気を取り去る働きのある食材。また薬味のネギやショウガは体温の調節効果があって、薄着や冷房などでの身体の冷え過ぎを防止する働きもある。

甘酒は発酵食品で、アミノ酸が豊富。夏の暑さでバテた体調を整え、スタミナを回復させる働きがあるのだ。七夕の行事食のそうめんや甘酒には、単に縁起かつぎだけではない、昔の人の経験から生まれた、旬の食べ物の、食文化の知恵が隠されている。

★九月九日「重陽《ちょうよう》の節句」——五節句最強パワーの陽の気

九月九日は重陽の節句。そのものズバリ「陽」が重なると銘打つこの節句は、奇数の中で最大数の九が二つ重なることから、中国の陰陽五行の思想では、陽の気が強すぎて生命を害する特異日とされる。また「陽極まれば陰生ず」の考え方からも巷に悪疫がはびこる危険な日とされて、古来より中国ではこの日に禊をして身体の汚れを祓い、災難を除けるいろいろな伝統行事が行われた。

またこの重陽の節句は、ちょうど見ごろを迎える菊の花の生命力にあやかって、菊の花を使った厄除けのおまじないが行われ、「菊の節句」と呼ばれるようになったのだ。

菊の花は太陽の象徴

菊の花は、つぼみが丸い球体をしていて、この形が太陽を表すとされ、古代エジプトや中国などの古代文明では、空に輝く太陽を表す生命力の強い花とされた。そのためエジプトや地中海文明の国々では、農作物の豊穣をもたらす太陽神の恵みを表す花として、葡萄酒を入れる壺や瓶の装飾に菊の紋様が用いられたのだ。

また中国でも菊は、秋のこの時期の収穫の豊かさをもたらす恵みの花とされる。菊という字は、米や麦などの穀物を両掌で掬《すく》うという文字に、植物の草冠をつけて菊という字ができたと言われる。

そのため中国では、その菊の花の持つ生命力や不老不死の霊力を表す伝説がいくつか残っている。重陽の節句の行事のいくつかは、その伝説がもとになっているのだ。

たとえば、能の演目にもある「菊慈童」は周の皇帝に寵愛された美少年が、ライバルに追われて山に籠った。その七百年後、魏の皇帝の命を受け不老不死の水を探していた勅使が山中でその少年と出会

う。少年は菊の葉から滴る湧水を飲んで不老不死を得て、この七百年、年を取らずに命を長らえていたというわけで、それが重陽の節句に用いられる菊水や菊酒の由来となった。

重陽の節句と宮中行事

重陽の節句は、わが国には平安時代頃に伝えられた。初めは中国から薬草として伝来した菊の花とともに、その薬効の伝承として伝えられたものだが、それが宮中行事に取り入れられて、宮中貴族の雅な文化として発展してきたのだ。

初めは、菊は中国伝来の貴重な植物だったので、それを分け与えられた貴族たちはこぞって立派な花を育てて、重陽の日にその育てた菊の花の優劣を競う「菊合わせ」や、そこで選ばれた菊の花を愛でる「観菊の宴」が行われた。

この観菊の宴では、菊の花や葉を浸した水で醸造した酒を不老不死の菊酒として盃を交わし、歌を詠んだ。この秋、収穫された五穀はもちろん、芋や栗や果物などの秋の味覚を宴で食し、太陽の恵みのその生命力を体内に取り入れて、強い陽の気に耐える気力を手に入れようとした。花札の菊に盃の札や、今日でも行われる菊の品評会や菊人形は、この菊合わせや観菊の宴が今に伝わったものなのだろう。

また陽極まり陰生ずるこの日、巷に邪気や悪疫がはびこるとされていた。人々は、菊の花に薄い真綿を被せて、菊の香りやその露を染み込ませた「着せ綿」というものを作り、それで身体をぬぐって邪気を祓い、病気や不調を直そうとした。また、しょうぶ湯やゆず湯のように、菊の花を湯船に浮かべてその蒸気やお湯に体を浸して、邪気や災いを洗い流したのだ。

そして、人々が一番恐れたのは、邪気のはびこる夜に眠ること。平安時代の人たちは、夢が別の世界の自分を現すものと考え、悪夢に襲われることを何より恐れた。なので重陽の夜は布の袋に菊の花をつめて、菊枕を作って華やかな菊の香りに守られながら、夜の眠りについたのだ。

わが国の天皇家の紋章が菊なのは、後醍醐天皇がこの菊の花を愛して、ご自身の象徴とされたので、それ以来、それまで紋章がなかった天皇家を表す正式紋章として、菊のご紋が使われるようになった。

太陽神である天照大神の末裔の皇室のご紋が、エジプトや地中海文明で太陽神の象徴とされる菊の花の紋章になったのは、何か不思議なご縁を感じる。

重陽登高で疫病を乗り切ろう

日本ではあまり行われない風習だが、中国では「重陽登高」と言って、重陽の日に家族で山の高みへハイキングに出かける。この日、山茱萸《さんしゅゆう》という漢方薬の実をいれた袋を肘につけて山に登り、山の上でみんなで菊酒を飲むと、悪い病気や災いを避けて出世ができるという言い伝えがあるのだ。

これはその昔、仙人を目指して修行をした桓景《かんけい》という人がいて、ある日、師匠から「九月九日の夜に、お前の故郷を病魔が襲う。今から戻って家族や村人を救うのだ」と命じられ、山茱萸の枝と菊酒を与えられた。桓景は故郷に戻ると、家族や村人を山茱萸の枝で祓い清めて裏山に登り、山の上で菊酒をみんなに飲ませて夜の明けるのを待った。夜が明けて日付が変わったので桓景が村へ様子を見に行くと、村人は山に逃れて無事だったが、家に残してきた家畜たちが疫病にやられて全滅していたという話だ。

この伝説から中国では、陰が生じる重陽の日には、漢方薬の山茱萸を袋につめた茱萸《しゅゆう》嚢《のう》というお守りを肘に下げ、山に登って菊酒を飲む風習が生まれた。また村人を救った桓景は、その後、仙人として出世したので、高みに登る意味合いからか出世にもご利益があると言われている。

コロナ禍にある今の日本は、病魔に襲われようとする桓景の故郷と同じ。九月九日の重陽の日は、太陽の恵みの象徴の菊の花の生命力にあやかって、体力や生命力を高め、近くの山やビルやタワーの展望台に上って重陽登高をして、病魔から身を守るおまじないをしてはどうだろうか。

夏至祭のひみつ

たき火の炎を無事越えられたら二人は結ばれる

夏至とは一年で一番昼間の時間が長く、太陽の力が最も強くなる日とされていて、太陽の恵みを求める北ヨーロッパや北欧の国々では、夏至を祝う盛大なお祭りをして太陽の恵みに感謝を捧げる。

夏至祭で広場に集まった人々は、長い木の棒に花や木の葉や枝を飾りつけ、その棒の先端に木の枝で作った丸いリースのような飾りをつり下げる。そして人々は、いっせいにその棒に群がって、広場の中心にその棒を立てるのです。棒の先端の高みには、丸い木の枝の輪があって、つまりこれが太陽を模したシンボルで、天高くあかあかと輝く太陽に感謝を込めたモニュメントなのだ。

夜になると、今度は広場でたき火がたかれる。この炎は、冬の暗い闇を引き裂く夏の眩しい太陽を象徴していると言われ。恋をする若いカップルはたき火の向こう側にいる恋人の元へ、その炎を飛び越えていくのだ。そしてその炎を無事に飛び越えて、恋人と抱き合うことができれば、二人は必ず結ばれるという、恋のおまじないの儀式だ。

実は似たような風習が、三重県の伊勢湾に浮かぶ神島に残っている。こちらは夏至ではなく、大晦日から元旦にかけて行われるお祭りで、直径二メートルあまりのグミの枝で作られたアワと呼ばれる太陽を象った白い輪を、浜で長い竹竿を持った若者たちが天高く突き上げる「ゲーター祭」というお祭り。

北ヨーロッパや北欧の夏至祭りが、夏の太陽の復活を感謝するお祭りなら、神島のゲーター祭は、新しい年に太陽の再生を祈り、その恵みに感謝するお祭りで、ともに太陽に見立てた丸い輪を高く掲げて、太陽の恵みへの感謝を表している。

実はこの三重の神島は、三島由紀夫の『潮騒』という小説の舞台になった島だが、その主人公の若いカップルが、たき火を飛び越えて抱き合うシーンは、北欧の夏至祭の恋のおまじないの儀式を再現しているのではないかと思われる。

日本の夏至祭と不思議な太陽の道のレイライン

日本では全国各地で夏祭りが開かれますが、夏至祭りというお祭りは、あまり耳にしたことがない。実は正式な夏至祭という名称のお祭りが、三重県の二見浦《ふたみがうら》で行われている。

二見浦と言えば、伊勢神宮と並ぶ三重県の観光名所で、大小二つの夫婦岩に、しめ縄が張られていて、その間に初日の出が見える絵や写真が有名なのだが、実はこの二見浦の夫婦岩の間から朝日が昇るのは、夏至の日だとされている。

夏至の日の二見浦での太陽は、ちょうどあのゲーター祭の神島の方角から昇り、夫婦岩の間を抜けて、伊勢神宮の本殿を照らすと言われている。伊勢神宮は古くから太陽神を祀るお社で、そのため太陽が一番強いパワーを放つ夏至の日の太陽の通り道に、神島、二見浦、伊勢神宮本社が重なるように、太陽神を祀る聖地が配置された、と言われているのだ。

これは太陽の通り道を意識したレイラインと言われ、この伊勢神宮を基準とした夏至のレイラインは、その先に京都の丹後半島の元伊勢神宮というお社に続くと言われていて、古代の日本人が夏至の太陽を意識したしるしだとされているのだ。

またこのようなレイラインは、夏至や冬至や春分、秋分などの太陽に関わる特別な日の太陽の通り道にも設定されていて、それによって古い神社や都などが配置されていると言われている。つまり、われわれ日本人も古くから、太陽の恵みを意識していたといえるのではないだろうか。

日本は太陽の国だった

伊勢神宮は、日本の象徴の天皇家の祖先をお祭りした神社だということはご存知だろう。その天皇家のご先祖様は、天照大神《あまてらすおおみかみ》とされて、太陽の化身の神様。日本神話では弟の素戔嗚尊《すさのおのみこと》の乱暴ぶりに悩んで、天岩戸《あまのいわと》にお隠れになり、そのため世界が暗くなったとされている。その太陽の神様の末裔が、天皇様というわけだ。

つまりわれわれ日本人の体の中には、その日本神話の中の神様たちの血脈が流れ、少なからず太陽神の血が受け継がれているのだ。そのため日本というこの国の国名は、古くは日の出る国と言われていて、日本《ひのもと》つまり太陽を生み出す国土、という意味が込めら

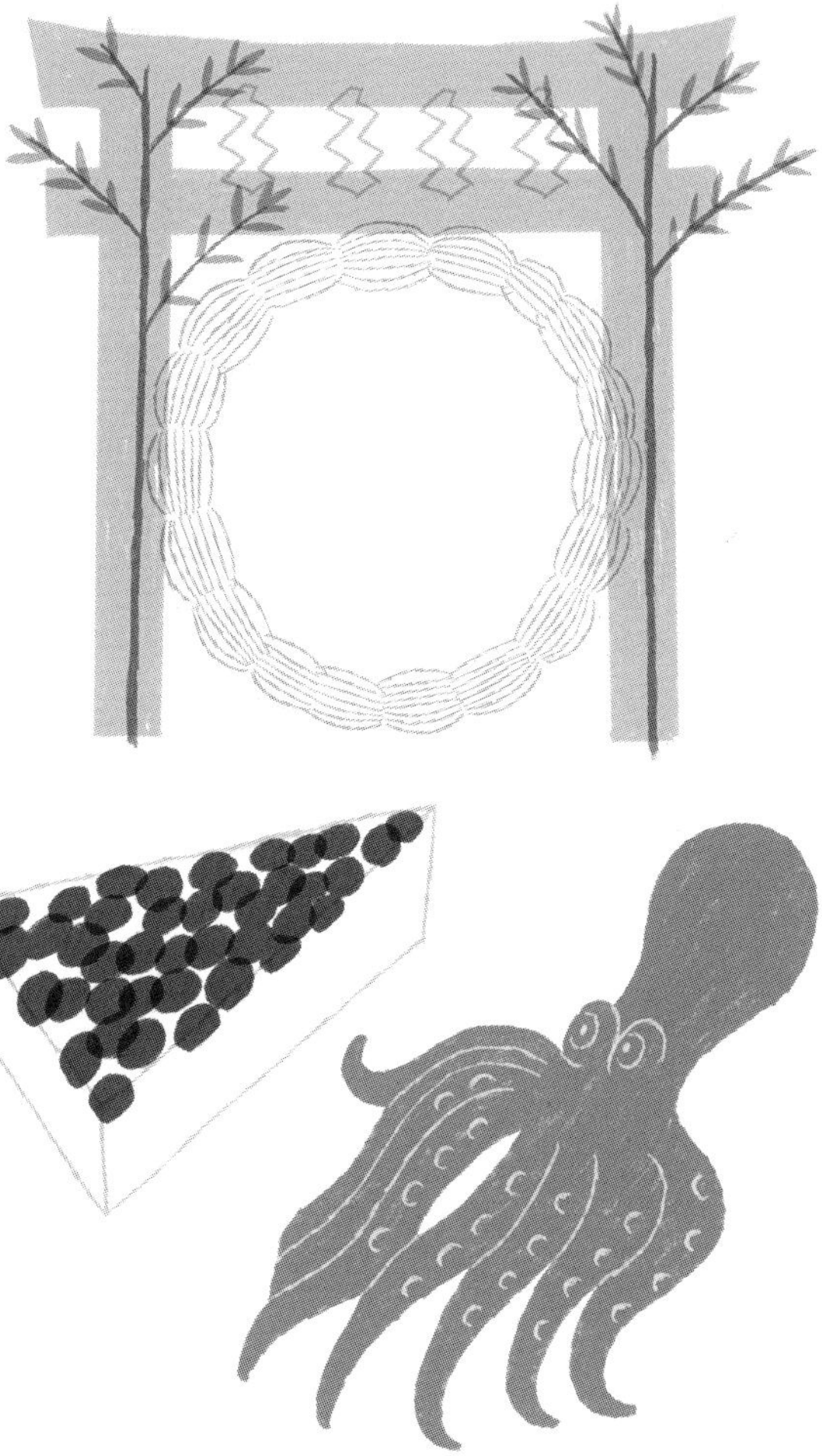

れているのだ。

当然、日本の国旗は日章旗。つまり天空高くあかあかと燃え盛る太陽を示したシンボルで、ここまでくれば、日本は太陽に守られた聖なる国で、その太陽の力がマックスパワーとなるこの夏至の日には、その太陽の国に生きるわれわれ日本人の生命力も最強パワーに蘇るにちがいない。

昔から日光浴をするとその太陽の力によって、元気や健康パワーが満たされると言う。この夏至の日の輝ける太陽の光を浴びて、弱った体や生命力を、マックスパワーに甦らせよう。

夏越《なごし》の祓《はらえ》は燃える太陽に身を捧げる儀式

夏至を迎えるこの時期は、「夏越の祓」や「水無月の祓」と呼ばれる、梅雨のジメジメとしたこの時期に蔓延する病魔や、夏の暑さからくる災厄を乗り越え、生命力を蘇らせようとする儀式が行われる。

本来は夏至祭として、昼の時間が一番長い夏至の日に、太陽の生命力が極まったその力を取り入れて、自らの生命力を蘇らせようとした儀式なのだが、いつの頃からか、一年のちょうど半分の六月の晦日に行われるようになり、旧暦から新暦に変わった今日では、夏至から六月三十日の間に行う神社が多くなった。

本来の夏越の祓は、海や川で禊をして体の穢れを祓ったもので、百人一首の中にも、「風そよぐ　ならの小川の夕暮れは　みそぎぞ夏の　しるしなりける」（従二位家隆）と読まれているが、今では水行での禊ではなく、この時期、生命力旺盛に生い茂る茅《ちがや》を束ねて太陽に見立てた大きな「茅の輪《ちわ》」を作り、それをくぐることで穢れを祓う禊とされている。

この「茅の輪くぐり」には作法があって、まず茅の輪の前で社殿に向かって一礼をして、「水無月の、夏越の祓いする人は、千歳の命、延ぶというなり」という呪文を唱えながら、左足で茅の輪をまたいで左回りで正面に戻り、続いて社殿に再び一礼をしたあと、呪文を唱えながら、今度は右足でまたいで右回りに正面に戻る。今度はもう一度、社殿に一礼をして、呪文を唱えながら左足でまたいで左回りのあと、再び社殿に一礼して、両足を揃えてピョンと茅の輪を飛び越えます。

そしてそのまま社殿にお参りすれば、生命力や免疫が蘇り、病に負けない強い身体になれるというわけだ。

実はこの茅で作った大きな茅の輪は、空に輝く眩い太陽を見立てたもの。その茅の輪をくぐるということは、真っ赤に燃えた太陽に身を捧げ、火の鳥がわが身を焼いて復活し、永遠の命を得るように、その太陽の力で生命力の復活を願った儀式なのだ。

もし近くに茅の輪のある神社が見つからない場合は、茅の輪の代わりに地面に大きな輪を描いて、その輪を茅の輪に見立てて同じように茅の輪くぐり（この場合は地の輪跨ぎか）の儀式を行おう。丸い輪は日輪の象徴なので、それで夏越の祓ができるはずだ。

半夏生は熱き魔物を追い払う行事

夏至の日から数えて十一日目を「半夏生《はんげしょう》」と言います。この日は七十二候に半夏生ず、と書かれているので半夏生と呼ばれるようになった。この七十二候の半夏とは、この時期に生い茂る薬草で、葉の一部がおしろいを塗ったように白く変色することから、本来は半化粧と名づけられた。この草が茂るこの時期は、夏を半分越えたあたりで、この後、小暑、大暑とまだまだ暑い日が続くので、夏の半ばという意味から七十二候のこの日を、半夏とか半夏生と言われるようになり、この草の名前も半夏になった。

この半夏生の日は、農業歳時記では、この日までに田植えをすませておかないと、稲が実らなくなると言われ、農家では夏至が過ぎると、この半夏生の日までに田植えを終わらせようと頑張った。

また半夏生の日から七夕までの間は、毒の雨が降るので井戸に蓋をして、外で農作業をしてはいけないと言われている。その禁断を破って農作業をした田畑は、顔の半分におしろいを塗った女の妖怪ハンゲに荒らされて、秋には何も実らないという伝説もある。

毒の雨の降る話や妖怪ハンゲは、ちょうどこの時期は梅雨のジメジメした気候から、カビや細菌などが繁殖して、それが雨水に混じって井戸を汚染するから蓋をせよ、という戒めだったり、この時期に、田植えで疲れた体で無理をすると病気になるので、農作業を休んで家で十分に休養を取るように、という意味なのかもしれない。

また関西では、半夏生の日にタコを食べるという風習がある。田植えで植えた稲の根がタコの足のように太く力強く根づくように、というおまじないなのだが、タコにはタウリンという疲労回復成分が多く含まれているので、これも田植えで疲れた体を労わる風習なのだろう。

同じように奈良では麦餅、北陸ではサバ、四国の香川や徳島ではこの日にうどんを食べる風習があり、全国的にも、半夏生から七夕の間は農作業を休んで家でご馳走を食べて、田植えで疲れた体を回復させるための風習が残っている。これもこの時期の強力な太陽パワーで元気を取り戻し、生命力を回復させようとする、夏至祭りの風習の名残かもしれない。

水無月の祓《はらえ》で夏の火の気を中和させよう

半夏生を過ぎた最初の新月の日に、「水無月の祓」という行事が行われた。この日はちょうど旧暦の六月一日に当たり、梅雨の湿度と夏の暑さとで体が疲弊している真っただ中。日本神話の伊弉諾尊《いざなぎのみこと》の禊祓いにちなんで、人々は川や海辺で水を浴び、身体の穢れを浄化して、元気を取り戻そうとした。

また宮中では、この日を氷《こおり》の朔日《ついたち》とか氷の節句と呼んで、氷室開きの行事が行われた。氷室というのは、冬の間に雪や氷を石室《いしむろ》につめて夏まで保存する施設。平安時代の王皇貴族や公家たちは、旧暦の六月一日に宮中に集まり、この貴重な氷に、蔦の樹液を煮詰めたシロップの甘づらと、厄除けの小豆の煮たものをかけて食べた。ちょうど今でいう氷金時のようなものだろうか。

この時期水を浴びたり、氷を食べるのは、陰陽五行の理論でいくと、夏の暑さの火の気や陽の気を、水や氷の涼しさの水の気や陰の気で中和させようとするもので、とても理に適っているのだ。

しかし、庶民たちに氷室の氷が届くわけもなく、そこで外郎《ういろう》の生地に小豆を載せて寒天で覆った「水無月《みなづき》」という菓子が作られた。そして平安時代の庶民は、川や水辺で禊いをした後にこの水無月を食べて、小豆の甘さと寒天の食感で、高貴な方々が食す氷室の氷に想いを馳せたのだ。

今でもこの水無月は、六月の和菓子の代表とされて、今では夏越の祓のときに食べるお菓子とされている。このお菓子に使われている赤い小豆は、お赤飯同様、疫病封じや災厄除けのご利益がある縁起物。その甘さにも、疲労回復の働きがあり、元気復活のおまじないパワーが宿っている。

食中毒や新型コロナなど見えない細菌・ウイルスの脅威はまだまだ続く。ご紹介した夏至の太陽の生命力や陰陽五行の気のパワーにあやかって、明るく乗り切ろう。

月の魔力

月の満ち欠けと「月待ち講」

月を愛でるという風習は、今では中秋の名月の十五夜くらいになってしまったけれど、昔は太陰暦を使っていて、月の満ち欠けがそのままカレンダーになっていたので、当時の人たちにとっては、月はもっと身近なものだったに違いない。

「月待ち講」という言葉を知っているだろうか。地方のお寺やお堂へ行くと、境内の片隅に「十三夜塔」とか「二十三夜講」と彫られた石碑が立っていることがある。

この十三夜とか二十三夜というのが月のことで、十三夜とは新月から数えて十三番目の夜の月（月齢12）、二十三夜は新月から二十三日目の夜の月（月齢22）のこと。そしてその石碑はその月齢の月を供養するための供養塔なのだ。

そして月待ち講というのは、月はその形を変えることでさまざまな仏様を表すとされて、たとえば十三夜の月は虚空蔵《こくぞう》菩薩、二十三夜の月は勢至《せいし》菩薩というように、自分の信じる仏様を表す月の出る晩に、同じ信仰を持つ人が集まって、月に願いをかけたのが月待ち講と呼ばれる集まりなんだ。

十五夜は月に豊作を感謝して、来年の豊作を祈る風習なのだけど、それ以外にも月はその形によってさまざまな仏様を表して、人々のいろいろな願いを聞き届けてくれる、とても優しい存在だった。

金運アップの十三夜月「虚空蔵菩薩」

新月から数えて十三番目の夜の月は、満月よりも美しい形の月とされている。とくに中秋の名月の十五夜の月を芋名月、と呼んで里芋を供えて豊作を感謝したら、その次の十三夜の月を栗名月、と呼んで栗を供えて来年の豊作を祈る。それをしないと、片見月と言って縁起が悪いとされている。

この十三夜の月は、その月相が虚空蔵菩薩の光輪の形に似ているところから、虚空蔵菩薩を表すとされていて、この夜の月に祈ると虚空蔵菩薩の功徳によって、作物の豊作はもちろんのこと、富貴繁栄、金運アップして、大きな蔵がいっぱいになるほどの、たくさんの幸運がもたらされるのだとか。

虚空蔵菩薩のご真言は「ノウボウ、アキャシャ、ギャラバヤ、オン、アリキャ、マリボリ、ソワカ」。この呪文を月に唱えてお願いをすると、金運アップ間違いなし。

願望成就の十七夜月「立ち待ち月」

新月から数えて十七番目の夜の月は立待ち月、といって名月とされている。また、満月にお願いをかけた願い事は、この十七番目の夜にかなうとか、この夜にかけた願いは、すぐにでもかなうとも言われている。

十七夜月と書いて「かのう」と読ませる苗字もあり、立待ち月のかのうさんなので、願い事がたちまちかなうという語呂合わせの、縁起のよい月とされているのだ。

この十七夜の月は如意輪観音、聖観音、千手観音などの、観音様を表すとされていて、庶民を艱難辛苦から救い、切実な願望をかなえてくれる働きがあるとされている。

この十七夜から二十二夜にかけての月は、いろいろな観音様になぞらえて、女人講と言って女の人が家事を離れて夜遅くまで女子会を開く、月に一度の骨休めとなっていたようだ。

如意輪観音のご真言は「オン、ハンドマ、シンダ、マニ、ジンバラ、ソワカ」。この呪文を月に向かって唱えると、願いがたちまちかなうはず。

スキルアップの二十三夜月「三日月講」

新月から数えて二十三番目の夜の月は、勢至菩薩を表す月とされている。

勢至菩薩はあらゆる知恵や知識に長けた仏様で、世の中の不幸や困難を乗り切る力をその知恵をもって与えてくれるありがたい仏様。

そのためいろいろな職種の人や職人が、自分たちの技術や才能を高めてスキルアップを願ったり、不老長寿やさまざまな願いを抱く人たちが、その願望成就を祈願したりと、老若男女たくさんの人たちから信仰を集めたお月さまなんだ。

月待ち講の中で、広く全国に普及して、

いちばん数の多い講がこの二十三夜講。別名「三日月様」とか「三日月講」とも呼ばれていて、日本全国に供養塔が建てられているのだとか。

勢至菩薩のご真言は「オン、サンザン、ザンサク、ソワカ」。月に向かってこの呪文を唱えたら、学業成就や受験合格、資格獲得はもちろん、あなたの才能を開花させ、スキルアップ間違いなしだよ。

恋愛成就の二十六夜月「愛染明王の月」

旧暦の一月と七月の新月から数えて二十六番目の夜は、二十六夜待ちと呼ばれて、特別なイベントが起こるとされている。

それはこの日の真夜中に昇る月の中に、阿弥陀如来と、観音菩薩、勢至菩薩の阿弥陀三尊の姿が見えるとか、三体月と言って阿弥陀三尊を表す、三つに別れた月が昇るとか言われているんだ。

旧暦の一月と七月は気候の変わり目にあたり、地表と上空との温度差で蜃気楼のような現象が起こり、「幻月」と呼ばれる本来の月の左右に蜃気楼の月が現れ、月が三つに見えることがある。極めて稀な現象で、見ることができたら、それだけでとても幸運だ。

また二十六夜の月は愛染明王を表す月で、この夜の月を、好きな人と見上げて祈ると、二人は結ばれるとか、この夜の月に願いを込めると恋が必ず成就すると伝えられている。

愛染明王の真言は「オン、マカラギャ、バゾロシュニシャ、バザラサトバ、ジャク、ウン、バン、コク」。

二〇二〇年の旧暦の七月二十六日は九月十三日。二〇二一年の一月二十六日は三月九日。二〇二一年七月二十六日は九月二日、二〇二二年一月二十六日は二月二十六日。

阿弥陀如来のご真言は「オン、アミリタ、テイセイ、カラ、ウン」。この神秘的な月の魔力で、あなたの願いがかなうことを祈っているからね！

ご朱印のひみつ

歴女や仏女と呼ばれる女性たちによって、神社やお寺めぐりが流行して久しい。

そしてその神社やお寺巡りをする歴女や仏女たちの間でブームになっているのが「ご朱印」集め。このご朱印は、歴史的にも、民俗学的にも、とても興味深いいわれがある。

さっそくご朱印のひみつを紐解いてみよう。

神仏との縁をもつことが「ご朱印」の起源

ご朱印の起源は、遠く室町や平安時代までさかのぼる。当時、貴族の間では、仏教の思想が広まり、この世の願望成就や、死後に極楽浄土に生まれ変わり、来世でも貴族のような優雅な暮らしができるようにと願った。

「観音経」や「般若心経」などのありがたい経典を写経して、四国八十八ヵ所や、西国三十三ヵ所の観音霊場めぐり、熊野詣で、などの聖地巡礼を行い、訪れた寺社に写経したお経や宝物を収めることがブームとなった。

広島の厳島神社に納められている、平清盛の平家納経が有名。当時、隆盛を極めた皇族や貴族などの天上人たちは、来世も同じような優雅な暮らしを守りたいと、仏教に救いを求めた。写経や巡礼、出家などをして、神仏とのご縁を結ぼうとした。そして、そのとき納めた写経や宝物の奉納の証明書が、この「ご朱印」というわけだ。

その後、時代が下ると庶民の間にも仏教が広まり、四国や西国、坂東、秩父などの観音霊場巡り、伊勢神宮、熊野大社、金毘羅宮などの聖地詣でなどの巡礼がブームとなった。それでも庶民の昔の旅は、長距離を歩かねばならず、誰もが簡単に行くことができなかった。地域で代表を立て代参してもらい、納経や奉納の証としてご朱印を持ち帰るようになった。

また、伊勢や熊野などの一部の寺社では、御師《おし》や巫女《みこ》と呼ばれる人たちが全国を巡って、寺社の宣伝をしたり、「講」と呼ばれる団体旅行の手配やお世話をしたが、そのうち全国各地で、勧進と呼ばれる寺社への奉納の呼びかけをして、その受け取りとして神社の神璽や宝印を押したご朱印が配られ、それがお札やお守りのルーツとなった。

ご朱印はお守りやお札と同じご利益がある

ご朱印という言葉の通り、ご朱印帳に記されるものの中で、最も重要なのが中央に押される朱色の印影。ここに押される印章は、その神社に祀られた神仏の霊験や神徳仏徳を表す象徴として、神璽や宝印と呼ばれる、梵字や如意宝珠、御神紋などを象ったもの。

国宝の志賀島で発見された金印のように、日本や中国では、国を象徴する印章を国璽や玉璽と呼び、皇帝や天皇の権威や権力を表すものとされて、代々受け継がれてきた。この印璽そのものが皇帝や天皇と等しい権威を持つとされ、この印影を押された書類は、そのまま皇帝や天皇の命令として尊重されるのだ。

つまり中国や日本の東洋思想では、印璽や印鑑はそれを持つ者の力や権力を宿すものとされ、ご朱印として押されるその神璽や宝印の印影にも、神様や仏様の霊験や功徳を宿すとされている。日本人が実印や印鑑をその家や組織の象徴として証明に使ったり、大切に扱うのは、このあたりにルーツがあるのだろうか。

そして墨書きされるのが、名題と呼ばれるこのご朱印を発行する理由。昔は写経などを奉納したので「奉納般若心経一巻」などと書かれたが、今は参拝した証として発行されることが多いので「奉拝」と書かれている。そして、そこに祀られている神仏や、それを表すご詠歌や言葉などの象徴。そして寺社仏閣の名前と寺社の印。

中心にはそこに祀られた神様、仏様の霊験あらたかなご神璽や宝印が押されているので、実質、そこでいただくお札やお守りと同じご利益がある。だから、いただいてきたご朱印やご朱印帳は、粗末にならないように、大切に扱うことが礼儀だ。お札やお守りと同じように、神棚や仏壇に納めよう。それだけのご利益をもたらしてくれるはず。

コミュニケーション・ツールとしての遍路札・千社札

ご朱印は神社やお寺が奉納者や参拝者へ、その証明として与えてくれるものだけど、それとは反対に、奉納者や参拝者が、神社やお寺に奉納やお参りをした証を残してくるものがある。それが「お遍路札」や「千社札」と呼ばれるものだけど、「ご朱印」が受け取った側が発行する領収書だとしたら、お遍路札や千社札は、納めた側の納品書のようなものだろう。

このお遍路札のルーツは、平安時代の初め、四国霊場を開くために旅をしていた空海を慕い、その後を追いかけていた衛門三郎という人物が、空海の宿ったお堂に自分の在所と名前を書いた木札を打ちつけ、ここへ戻ってきた空海に、自分が追いかけて

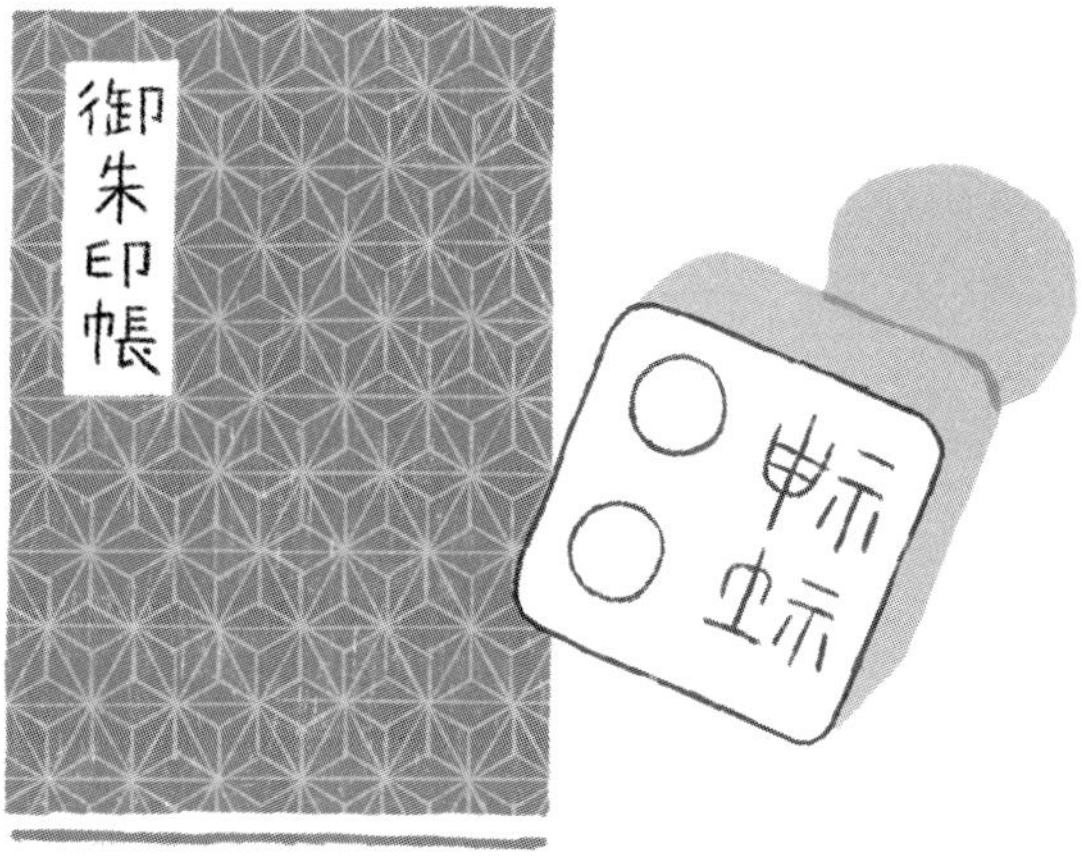

いることを伝えようとしたのが起源。この衛門三郎こそ、四国八十八ヶ所最初のお遍路さんとされている。

その後、貴族の間で巡礼がブームになると、自分の在所や名前、参拝日時や祈願を書いたお遍路札を神社やお寺に納める風習が生まれた。また、何回巡礼をしたかという回数を競うことも行われた。回数によって一〜四回は白、五〜七回は青、八〜二十四回は赤、二十五〜四十九回は銀、五十〜九十九回は金、百回以上は、錦のお遍路札を持つことが許された。

このお遍路札は、観音霊場の納札所に納められ、自分が納めた札の代わりに、納められた札の中から一枚もらうことができるとされていた。より多く回った方のお遍路札をもらうと、その方の回った分だけのご利益がいただけるとされ、金や錦のお遍路札は、とくに霊験あらたかな、貴重なものだとされた。

お遍路札は四国八十八ヵ所や西国三十三ヵ所などの、観音霊場の巡礼用に作られたものだが、時代が下ると、いろいろな神社や仏閣に、その足跡を残そうというブームが起こった。自分の在所や名前や家紋などを書いた千社札を、参拝した寺社に貼りつけるようになる。今でも古い神社やお寺には、この千社札が残っている。

さて、このお遍路札や千社札は、お寺や神社に納めたり貼ったりする他に、とても大切な役目を担っていた。たとえば観音霊場をめぐるお遍路さんが、一夜の宿を助けられたり、食事などのお接待をされたとき、その家にお遍路札を置いてきて、「地元に来たときはそのお返しをします」とお礼をしたり、道中で知り合ったお遍路仲間と、お遍路札の交換をしたと言われている。また千社札も、定期的に千社札の交換会が開かれることがあったようで、このお遍路札や千社札は、人と人とのネットワークを広げる、コミュニケーション・ツールの役も担っていたのだ。

住所や氏名、肩書などを書いた名刺を交換する日本特有の文化は、このお遍路札や千社札から生まれたものかもしれない。

ご朱印は手順を踏んでいただくもの

朱印の名目には「奉拝」と書かれる。そこの神社やお寺の主である、神様、仏様に参拝をすませて、それで初めてご朱印をいただくことができる。神社やお寺に着くとすぐにカバンの中からご朱印帳を取り出し、ご朱印をもらおうとする人を見かけるけど、それはＮＧ。ご朱印は、手順をふんでいただくもの。

ご朱印帳を、家に置き忘れた場合、半紙にご朱印を記してもらい、帰宅して貼り付けるという方法もある。忘れたことをお話して、「半紙で」とか「置き書きで」とお願いをしよう。置き書きというのは、予め紙に記してあるご朱印のことである。その神社やお寺独自のご朱印帳を置いてある場合も多いので、利用するのもよいだろう。

最近では、カラフルなご朱印も出現している。とくに置き書きのご朱印は、京浜急行大森海岸駅近くの「磐井神社」のカラフルな友禅染めの和紙を使ったもの（毎月一日と十五日の月参り限定）や、東京新橋の「烏森神社」は、神社の神紋や季節ごとの風物、行事などのスタンプを、カラフルなインクで押印してくるものも。中には東京築地の「波除神社」の、印刷でなく墨絵に彩色を施した、かわいい絵を描いてくれる神社やお寺もある。それには、神社の縁日や行事、イベントの日がねらい目。ご朱印集めに出かけるときは、神社のホームページで、情報を確認することも大切だ。

期間限定のカラフルなご朱印は、置き書きで何枚かもらってくると、友だちへのプレゼントやお土産にもぴったり。ご朱印は、昔から誰かに代参を頼む風習もあるので、プレゼントのご朱印でも、お友だちを守ってくれるご利益もきっとあるはずだ。

ご朱印は神様・仏様との幸せの契約書

ご朱印は、本来、神社やお寺に奉納品や写経などを納めて、その証《あかし》として神社やお寺が発行してくれる、受領証のようなものなのだ。そしてそこには神社やお寺の名前や印章はもちろん、その神社やお寺の主人たる神様や仏様のお名前やその象徴と、そして神様、仏様の権威や法力を表す神璽や御宝印という、とても大切な印鑑が押されている。

神様や仏様のためにこれだけのことをしたので、その見返りとして、たくさんのご利益や功徳をくださるという、神様、仏様からの誓約書のようなもの。

実際に神社やお寺で授与されるお札やお守りは、このご朱印から派生したもので、ご朱印にもその神社やお寺のお札やお守りと同じご利益が備わっているのは先に述べた通り。つまり、ご朱印集めは、いわば神様や仏様にご恩を売って、その代わりにご利益や功徳をいただくという契約を、日本全国津々浦々の八百万の神様、仏様と結び歩くこと。

あなたもご朱印帳を持って、日本全国の神様、仏様を詣で、幸せの契約書をもらい集めてみよう。神様と契約を交わすのだから、きっと幸せになれるはずだ。

ハロウィンのひみつ

ハロウィンはケルト民族の祖先を敬う祭り

ハロウィン(Halloween)という呼び名は、十一月一日のキリスト教の聖人のお祭り「万聖節(Hallowmas)」の前夜祭を意味するハロウマスイブ(Hallowmas Eve)が訛ったものと言われる。子どもたちが魔女やお化けの仮装をして家々を訪れ、「トリック・オア・トリート」という呪文を唱えながら、お菓子をもらい歩くお祭りなんだ。

でもこのハロウィンの起源は、イギリスやアイルランドの先住民の、ケルト民族の年末、年始のお祭りに由来する。

ケルトの暦では、一年の始まりは、今の十一月一日から。その前日の十月三十一日の晩は、亡くなった祖先の霊たちが、家族と共に新年のお祝いをするために、死者の世界からこの世に戻って来ると信じられている。そのとき先祖の霊と共に、死者の世界から魔女や悪魔や妖精や、お化けや魔物たちも一緒にやって来ると言われている。

祖先の霊をお祭りするケルトの風習や伝説が、キリスト教伝来のときに、キリスト教のお祭りの万聖節と習合して、イギリスやアイルランドでハロウィンのお祭りが生まれたというわけなのだ。

先祖を供養する日本のお盆と同じ！

ハロウィンはイギリスやアイルランドの先住民の、ケルト民族の祖先を敬うお祭りが発祥、ということがわかったけど、これは、日本のお盆と同じだ。

日本のお盆は、地獄の釜の蓋が開くと言われる旧暦の七月の満月の日に、あの世から戻ってくる先祖をもてなし供養して、成仏させて極楽浄土へ送り出す行事。ケルトの人たちが死者の世界から戻ってくる祖先の霊たちを家に迎え入れ、ご馳走を食べながら新年のお祝いをするのと考え方は一緒だ。

同じように祖先の霊を死者の世界から招き寄せ、家に迎え入れてご馳走をしたり、お祝いをする風習は世界各地に残っている。

たとえばキリスト教の万聖節は、自分たちを守ってくれる聖人たちを天国から地上に呼び寄せて、一緒にお祭りをする行事だし、万聖節の次の日は、万霊節と呼ばれて、こちらは聖人ではない一般の人たちの霊が天国から地上に降り立って、一年に一度、家族と親交を交わす日とされている。

この万霊節は、メキシコでは死者の日と呼ばれ、ハロウィンからこの死者の日にかけては、死者の国からすべての霊が家族のもとへ戻ってくるとされている。この三日間はメキシコでは、死者を表す骸骨の飾りで飾られて、盛大なお祭り騒ぎが繰り広げられるんだ。あの墓場から死者が蘇るゾンビの伝説は、この死者の日のお祭りのパレードが発想のもとだ、とも言われているんだ。

光の半年と闇の半年がある!?

ハロウィンはイギリスやアイルランドの先住民の、ケルト民族の新年を祝うお祭りが発祥だけど、そのケルトの暦では、一年を夏場の明るい光の季節と、冬場の暗い闇の季節の二つに分けていたんだ。

夏場の明るい光の季節は、五月から十月までの半年間で、この間は地上に命のあふれる生者の季節とされ、人々は明るい太陽の下で農耕に励み、一生懸命に働く季節。そして冬場の暗い闇の季節は、十一月から四月までの半年間で、この間は死者の世界に続く門が開かれ、死者や悪魔や魔女たちが地上にあふれる、死者の季節とされている。ケルトの人たちは長い冬の間、雪に閉ざされた家の中で、悪魔や魔女たちを恐れながら、家の中でひっそりと息をひそめる季節とされていたんだ。

そしてその季節の変わり目の十月三十一日の夜は、サーウィンの祭りとして、死者の世界から戻ってくる祖先の霊たちを家に迎え入れるとともに、一緒にやって来る悪魔や魔女、魔物たちに悪さをされないように、魔女や魔物の仮装をして魔物の目をくらませて教会へ行った。ケルトの司祭から聖火を分けてもらって、その聖火を家の暖炉の種火として灯し、その火を闇の季節中、絶やさずにいることで、聖火に家を守ってもらい、光の季節が始まるまで、家に魔女

や魔物が入らないようにした。

聖火の種火を家に運ぶときに、聖火が魔物に吹き消されないように、蕪をくりぬいて魔物をかたどったランタンのような器に入れたのが、ハロウィンの夜に飾られるジャックオーランタンの始まりだ。

ハロウィンから始まる闇の季節は、四月三十日のワルプルギスナイト（魔女祭）で終わる。ワルプルギスナイトは死者の世界へ続く門が翌日から閉まるので、その前に魔女や魔物が大騒ぎする日とされて、この晩は人々が暖炉の聖火を灯した松明を手に持って、聖火で魔女や魔物を追い払い、魔女をかたどった人形を燃やしてこの世を浄化するお祭りが開かれる。

そして明くる五月一日は、地上に命が満ちあふれ、農耕が始まる光の季節を祝うバルティナ祭が開かれて、これが労働者の祭典のメーデーの始まりとなった。

昔のケルトの人たちは、つらく厳しい冬の訪れを、冬の魔女や悪魔が魔法で人々を困らせる邪悪な季節と考えて、この間は暖炉に聖火を灯した家の中で、じっと息を潜めていた。その暗く厳しい冬の訪れを、せめてこの日だけは楽しく過ごそうとしたのがサーウィンのお祭りで、ハロウィンの始まりなんだよね。

遂げられなかった思いを昇華させるおまじない

ハロウィンはこの世と死者の世界とをつなぐ、門の扉が開く日なんだけど、その死者の世界にいるのは何も死んだ人や魔女や魔物だけとは限らない。たとえば未練をいっぱい残して破れた恋愛や、かなわなかった夢や希望もその世界に住んでいる。そしてそれらが蘇るハロウィンの夜は、いわば破れた恋や、成しとげられなかった夢や希望にリベンジをして、それを昇華させるまたとないチャンスだ。

この日、聖火を入れる器にちなんで白い蕪《かぶら》を用意して、そのヘタとシッポを切ってまな板の上に伏せて置き、その蕪をルーン文字のハガル（ᚻ）の形に六等分に包丁を入れよう。

このハガル（ᚻ）の文字には万物の調和という意味があり、生者の世界と死者の世界をつなぐ力があるとされている。だから、包丁でこの文字の切り込みを入れるとき、蘇らせたいことを願うと、蕪にその願いをかなえる魔力が宿るんだ。

その蕪を、後はどんな味つけでもいいからお料理にして、すべてしっかり食べ切ってほしい。そうすることで願いをかなえるパワーがあなたに宿り、とげられなかった夢をかなえるチャンスが与えられるはずだからね。

番外編

日本最大パワースポットのひみつ

免疫力、運気がアップするパワースポット

パワースポットと呼ばれる場所は、たいていの場合、神社だったり、何かの史跡や名所旧跡のような、自然に囲まれた風光明媚なところが多い。訪れてみると、高い木立に囲まれていたり、瀧や、泉や、清流や、怒涛渦巻く断崖絶壁のようなマイナスイオンがあふれる場所、地下から温泉が湧き出したり、噴気が立ち昇るような、大地の熱気や躍動が伝わる火山地帯など、清々しさや心地よさを感じさせる、自然のパワーがあふれる場所ばかり。

つまりパワースポットとは、自然の力やエネルギーがあふれる場所で、人間も本来は自然の一部だから、そのパワースポットのパワーやエネルギーを浴び、身体の中に取り

入れることで、気分が爽快になったり、免疫力がアップして、運気が上がったり、生命力がアップするような、そんな効果が期待できるのではないだろうか。

パワースポットの源は「風水」の気

自然界のパワーやエネルギーによって、運気や生命力を高めるという考え方に、東洋気学の中の「風水」という考え方がある。

気学の考え方では、この世の中は気というエネルギーで満ちあふれていると言われている。その気は、大宇宙が発する「天」、大地や大自然が発する「地」、その天と地の間で生きる生命の発する命（「人」）の、天地人の三つの気が存在し、それぞれに陰陽二つの対極と、さらには、木火土金水の「五行」に分かれ、天沢火雷風水山地の「八卦」に分類される。

そしてたとえば、天の気と人の気のバランスや相性を見ることで、運気を判断する「易占」が生まれ、同じように人の気とバランスや相性のよい気を探したり導いたりして、その人の運気や生命力を高めようとしたのが、「風水」と呼ばれるものなのだ。

昔から人は、居心地のよい清々しい場所に、ある種のパワーや神々しさを感じて神様を祀る聖地や神社を作り、求める力を引き寄せる場所を探して、街や都やお城を作った。

そしてさらには、池や水路や築山を作り、求める力を引き寄せる理想的な自然を人の手で作るまでになったのだ。

たとえば、古い日本庭園や、大きなお寺の石庭などで、心が癒されて穏やかな気持ちになったり、悟りの境地に導かれるのは、その庭の持つ風水の力なのだ。

眠れる龍がパワーを運ぶ

気のパワーは風が運んで、水が留めると言われている。つまり風通しのよい環境で、清らかな水が湧いたり流れたりする場所に、よい気が集まるとされているんだ。

そしてよい気の源は、天に一番近い高い山の頂で、そこから尾根や谷筋に沿って風に乗って流れ下り、人々の住む町に届いて、水のある場所に集まるとされている。

そのよい気の集まる場所を探したり、人の手でよい気を導いたり集めたりする方法を、その気の流れの特徴から、「風水」と呼ばれるようになった。

風水で大切にされているものに、川の流れや道がある。川は山から谷を下って海へと流れるものだから、気を乗せた風の通り道というわけなのだ。

道も本来は人の通りやすい川沿いや、山の谷間の低い場所をぬって作られてきた。つまり、道も川筋と同じように、風の通りやすい場所なんだね。

また山から下る谷筋は、昔はそこに川が流れていた場所で、その下には断層や水脈が走っていて、これを風水では「龍脈」と言い、強力な気のパワーが流れる、眠れる龍にたとえられている。今でも東海道や甲州街道などの昔の大きな街道沿いに、立派な町並みが残るのは、その道を流れる、強い気のせいなのかもしれない。

日本最大のパワースポットを発見!?

いい気の生まれる場所は、高い山の頂と

話したけれど、日本一高い山は富士山だから、富士山から流れ下る龍脈の集まる場所が、日本で最大のパワースポットだと言えるだろう。そう考えて地図を見ると、なんと灯台もと暗し、で大都会東京の、その中心の皇居だということがわかった。富士山から皇居につながる龍脈は二本あって、一本目は富士山の御殿場側から秦野、寒川、東海道沿いを通って江戸に入り、桜田門から皇居に入る表ルート。

二本目は富士山の吉田側から大月、相模湖、多摩川を通って、甲州街道沿いに半蔵門から皇居に入る裏ルート。とくにこの裏ルートの半蔵門は、唯一、お堀ではなく地続きで皇居に入れる入り口で、龍脈のパワーを直接皇居（江戸城）に引き入れる工夫ではないか、と考えられている。

皇居はごぞんじの通り、江戸城で、戦国時代に太田道灌が築いたお城だが、徳川家康が江戸に幕府を開くとき、ブレーンの天海僧正によって、よりいい風水の気が流れるように、江戸の町が設計された。その気が集まりあふれ出す場所（龍穴）として、新しい江戸城が作られた、といわれている。

皇居（江戸城）に引き寄せられた気は、今でも皇居全体を覆っていて、桜田門から二重橋を経て、和田倉噴水公園から大手門へ抜けるエリアは、富士山表ルートを通ってきた気が集まるパワースポット。

半蔵門から天皇陛下のお住まいの御所や宮殿、宮内庁のエリアを経て、徳川時代の天守閣や、将軍様の生活の場だった本丸や二の丸のある東御苑あたりまでは、富士山裏ルートのさらに強力な風水パワーが集まるパワースポットだとされているのだ。

日本最大のパワースポット、皇居に潜入

皇居（江戸城）が、日本の霊峰富士山から流れ下る、風水の気の通り道の龍脈が二本も通る日本最大のパワースポット、と話したけれど、実際にそのパワースポットの皇居に潜入して、強力な風水のパワーに触れてみる。

江戸城の天守閣や本丸のあった皇居の東御苑は、今は公園として整備されていて、祝日以外の月曜と金曜を除いた午前九時から日没まで、誰でも無料で入ることができる。

皇居に入れるのは、昔の江戸城の正門、大手門と、皇居北東の平川門、皇居北側の北桔橋門の三ヵ所。どうせなら大名が登城のときに通ったと言われる、大手門から潜入することに。ここからは皇居東御苑の代表的なパワースポットを、効能別に紹介することにしよう。

天下統一パワーと願い事がかなう「天守台」

大手門から皇居に入って、順路通りに同心番所→百人番所→大番所を通って本丸に入り、そのいちばん奥の石垣を昇った高台は、江戸城の天守閣があった跡地の「天守台」と呼ばれる場所だ。

徳川家康が幕府を開いて、江戸城を築いた頃には、立派な天守閣があったが、実はその天守閣は、振袖火事とも呼ばれる明暦の大火で消失した。その後、再建されないままで跡地が残されている。天下泰平の世に天守閣は必要ないだろうということと、大火で家を失った民衆を救うのが先、と二代将軍秀忠のご落胤で、家光の腹違いの兄弟、保科正之（初代会津藩主）が、天守閣を再建させなかったからだ。

この場所は、先ほど述べた富士山の表の龍脈が、東海道から桜田門を通り皇居（江戸城）に入ったいちばん奥に当たる。徳川幕府が天下統一を成しとげ、太平の世を二百年以上もの長い間守り通した、強力な風水の気のパワーが吹き上がっているところだ。

この天守台の上には、北の方角を示す方位石があるのだが、北の方角を「子」として時計回りに、干支の順に十二分割して、自分の干支の方角に向かって祈ったり、深呼吸をしてその方角の気を吸い込んで体内に取り入れたりすると、夢や希望や立身出世の願い事がかなえられるとされているのだ。

天下泰平と長寿パワーの「本丸跡」

天守台から登ってきた大番所の方角を見下ろすと、長く続く大きな芝生が目に入る。この芝生のある広く開けたこの一帯が、その昔、将軍様の生活の場であった本丸ご殿のあったところだ。本丸は天守台から見下ろす芝生のいちばん奥から表御殿、中奥、大奥と呼ばれ、天守台の足元に広がる大きな芝生が、有名な大奥のあった場所なのだ。

この本丸跡の大芝生は、桜田門から天守台に抜ける富士山の表ルートの龍脈と、半蔵門から天皇陛下のお住まいや宮内庁エリアを通る、富士山の裏ルートの龍脈との重なり合う場所なのだ。つまりこの場所は、二つの龍脈を流れる霊峰富士の風水の気が、絶えずぶつかり合っている特別な場所なので、この本丸跡の大芝生は、強力な気の立ち昇る場所だと言えるだろう。

この場所が徳川幕府の将軍様の生活の場所に選ばれたのは、その気を浴びて、不老長寿でいつまでも健康で長生きできるように、ひいては徳川幕府が、子孫繁栄して天下泰平の世の中がいつまでも続くように、との想いが込められているのだろう。

ぼくはそのぶつかり合う強力な気を感じ取ろうと、この場所で両手を広げて心を澄ませてみた。すると両手の指の先端がピリピリとしびれて、何か電気のようなものが体の中を流れていくのを感じたのだった。

「鬼門封じの結界」を作った天海僧正

次に紹介する上野公園は、実は徳川家康の側近の天海僧正が、上野の山と呼ばれる台地を削って江戸湾に広がる遠浅の湿地帯を埋め立てて作った。江戸城や徳川幕府を守るための鬼門封じの結界で、いわば人工的に作られた陰のパワースポットと言えるだろう。

いくら陽の気を浴びて運気や才能を伸ばしても、まわりに敵を作って足を引っ張られたら幸せにはなれない。だから、あえて敵や災いを封じる陰の気を浴びて、陰陽の気のバランスを取ることが、幸せをつかむ秘訣なのだ。

上野を作った超人・天海僧正は、中国伝来の風水や陰陽五行、兵法にも通じた天台宗の高僧で、徳川家康に仕えた。江戸に幕府を開くことを進言し、徳川幕府が長く続くように風水で江戸の町を設計し、徳川家が日本を治めるように、日本の中心に尾張徳川家、裏鬼門に紀州徳川家、鬼門に水戸徳川家を置いたとされている。

天海僧正は江戸城の鬼門をとくに重視して、鬼門に当たる上野には、その台地を削り、入り江を埋め立て、京都の鬼門である東山や比叡山、琵琶湖を真似た地形や建物を作り、風水を駆使して、江戸の鬼門封じの結界を作った。

天海僧正の作った結界は功を奏して、徳川幕府は二百六十年続き、江戸の町は、幕末に上野の山で官軍と彰義隊との戦い以外には戦火に焼かれることはなく、江戸城も無血開城した。また大政奉還を成しとげた最後の将軍徳川慶喜は、鬼門に位置する水戸徳川家の出身。これもすべて天海僧正が仕組んだ風水パワーのおかげだといえるだろう。

天海僧正は、百八歳まで生きて、その遺髪の供養塚が上野公園に残されている。

恋愛成就を願うなら～花園稲荷神社

上野の「花園稲荷神社」は、京都の伏見稲荷大社を真似て作られた。伏見稲荷を彷彿とさせる朱塗りの鳥居のトンネルを潜って石段を降りると、右手に本殿がある。参道の左側に社務所があり、実はその裏に謎のパワースポットが隠されている。

社務所の先の石の鳥居のある薄暗い細い路地を入って左に折れると、石垣にお穴様とか穴稲荷と呼ばれる狐穴が祀られている。この狐穴は、寛永寺造営のとき、巣穴を追われた狐たちを哀れんで、稲荷神社のお遣いとして祀ったのが始まりだとか。後に上野や下谷界隈の花柳界の女性たちが、好きな人の愛情が長く続くように、とお参りをするようになり、お穴様に祈ると恋がかなう、といわれるようになった。

日本武尊所縁の薬祖神 ~五條天神社

花園稲荷神社からほど近い「五條天神社」は神話の時代、日本武尊《やまとたけるのみこと》が日本統一のために東征したとき、この地に薬祖神である大己貴命《おおなむちのみこと》と少彦名命《すくなひこなのみこと》を祀ったのが始まり。天神社と言いながら菅原道真とは関係がない神社だった。しかし江戸時代、天海僧正が菅原道真公像を合祀して、北野天満宮の相殿とされた。訪れたとき、五條神社は祭礼で、日本武尊の東征を題材とした神楽が演じられていて、何かご縁のようなものを感じた。

五條天神社は、薬祖神を祭る神社なので、ケガや病気などの健康を害する病魔や災禍から身を守り、武運長久の神様である日本武尊のご縁もあるので、あなたを害する敵からも、その身を守ってくれるご利益もありそうだ。学問の神様の菅原道真公もついているのだから、先進医療や新薬、最新医学にもご利益があるかもしれない。

第4章

「厄年」と厄除け・厄払い

「厄年」について考えてみた

厄年には冒険はしないこと

女性は三十三歳、男性は四十二歳が人生の「大厄」の年とされて、数え年でのこの年齢は、命に関わることもある、人生の転機が訪れる年と言われている。この人生の大きな転機の「厄年」っていったい何なのだろうか。

実は、大厄といわれる三十三歳、四十二歳の他に、女性は十九歳と三十七歳、男性は二十五歳と六十一歳に「小厄」があり、やはり健康や人生に大きく関わる転機が訪れると言われているのだ。

「本厄」と言われる厄年は、その前年が「前厄」と言われ人生の転機の前兆の年。その翌年が「後厄」または「跳ね厄」と言われて、人生の転機が収束する年とされる。つまり厄年は、都合三年間も続く人生の大きな出来事。

厄年には何が起こるのか。大きな出来事としては、生命や健康に関わる事故や病気に遭うことが多いようだ。とくに本厄は、生活習慣病が発症したりして、人生に長く大きな影響を与える病気を発見することが多い。しかし、厄年で病気が見つかることは、今では、その原因に対処することができるので、健康診断は怠らないようにしよう。

厄年は、年齢的にも人生の節目に当たる年。仕事や社会活動で大きな責任を負ったり、大きな決断や挑戦をすることが多く、その結果、人生の岐路に立つことが多い。この時期は健康面で不調が出やすいときでもあるので、踏ん張りが効かず、無理がたたって、うまくいかないことが多いのだ。なので、厄年は自分から何かを始めたり、冒険をしてはいけない年とされている。

まれに、大きな挑戦や決断がうまくいって、大金を手に入れたり、人生の成功を手にしたりする話も聞くが、その代わり健康を害したり、大切な何かを失ったという話も多い。やはり厄年の冒険はあまりお勧めできない。いずれにしても厄年は、あなたの人生にとって大きな転機の年と言えるだろう。

厄年の風習はいつごろからか

この人生の大きな転機である厄年の風習は、いつ頃から行われてきたのか。

一説では、平安時代まで遡ることができるようだ。『源氏物語』の若菜下巻には、紫の上が三十七歳の厄年で、加持祈祷を受け、物忌みをするくだりが書かれている。

わが国は、奈良時代や平安時代は、大陸の進んだ文化を積極的に取り入れていた。そして中国や朝鮮半島の大陸文化を起源とする、七五三やお節句などの人生儀礼や年中行事などの風習を、宮中行事としてわが国の文化に反映させてきた。

奈良時代に伝来した仏説《ぶっせつ》灌頂経《かんじょうきょう》には厄年は七歳、十三歳、三十三歳、三十七歳、四十二歳、四十九歳、五十二歳、六十一歳、七十三歳、八十五歳、九十七歳、百五歳と書かれている。

当時は厄年の年齢に男女の別はなく、また厄落としのための加持祈祷や物忌みなどの風習も、この時期にこの経典と一緒に伝来したと思われる。

厄年の意味や年齢の根拠はよく分からないが、最初の厄年の七歳は、昔は、医療体制が整っていなかったので「七歳までは神の内」と言われ、神様の意思でいつ生命を落としてもおかしくない存在だったのだ。

そこで子どもが七歳になると、子どもの安全と成長を神様にお願いする「七つ参り」や「七五三」のお宮参りの儀式が生まれた。この風習は七歳の厄年から生まれたものだと考えられる。

次の厄年の十三歳も、「十三参り」という風習が残り、子どもの成長を祈り感謝する節目の年で、男女ともに思春期を迎え、成長期で大人の仲間入りをする、身体的にも変化を迎える健康面でも大きな影響を受ける年。とくに当時の女性は、十三歳で結婚できる年齢となるので、人生の大きな転機の年齢と言えるのかもしれない。

このように厄年は、人が成長したり年を重ねていく中での、身体や健康の変化や、成人や就職、結婚などの通過儀礼に合わせて、人生の転機になる時期を、厄年として示した先人たちの人生の知恵と言えるのではないだろうか。

人生の通過儀礼の年齢は、時代と共に変

化するので、時代が下ると人々の生活習慣の変化に合わせて、厄年に若干の変化が生まれてくる。

江戸時代になると厄年に、女性の十九歳、男性の二十五歳が、小厄として加わった。江戸時代の文化では女性は十五歳から十九歳までに結婚し、それを過ぎると年増と呼ばれ、男性は十五歳で元服し、二十五歳では嫁を娶って責任ある地位につく年齢。男女ともに人生の大きな転機の年齢といえるのかもしれない。

また十九歳は重苦《じゅうく》。二十五歳は五×五＝二十五で五が五つ。四五《しご》を越える＝死後を越える。三十三歳は、散々《さんざん》な歳。四十二歳は死《し》に歳《に》という、ちょっと縁起の悪い語呂合わせも作られたのだった。

厄落としと厄除け・厄払いの違い

厄年の災厄を祓うことを「厄落とし」と言う。本来はいつも身につけているものをわざと落とすということで、自分の身代わりになってもらうことと、何か大切な物を失うことで厄年に受ける悪い出来事を先にすませてしまう、という意味がある。

また厄年の人が家族や知人に贈り物をしたり、宴席を開いてご馳走したり、ご近所を集めて餅撒きをして、お餅やお菓子やお金を大勢の人にもらってもらうことで、厄年の災厄をみんなに背負ってもらい小さくする。金銭的にも負担を負うことで、悪いことを先にすませるという意味合いの風習も各地に残っている。

これらの行事は、小正月や節分のお祝いとして行われ、これで、二度目のお正月を祝ったとして、厄年を乗り越えたという意味もある。ご馳走や贈り物を送られた人たちは、厄年の人にネクタイやスカーフなどの長いものをお返しすると、厄を防ぐことができるとされている。

厄落としが自分でする縁起かつぎのおまじないだとすると、仏様に祈って加持祈祷をしてもらうのが「厄除け」だ。各地に厄除け大師とか厄除け不動とか呼ばれる寺院があるが、密教系の寺院で護摩をたいて、厄年の災厄から身を守ってもらう。

厄除けは、先に小さな禍を起こす厄落としと違って、お大師様やお不動様のような悪を戒める仏様に祈願をして、悪事や災難を身に寄せつけないようにお願いをする儀式。厄除けのお札やお守りをいただいて、それを身につけ家に祀り、仏様のご加護を受けることで、厄年の災厄を防ごうとする。

厄年の災厄を、神様に頼ろうとするのが「厄払い」だ。厄払いは、厄除けのように神様に災厄から守ってもらおうというのではなく、神様の神通力でその身に宿った厄年の穢れや災厄を祓い清めようとするもの。本来は、お祓いを受ける厄年の方自身も精進潔斎をして身を清め慎んで、お祓いを受ける心構えを持つことが大切だ。

そしてお祓いを受けたあとは、その厄年の期間は、清めたその身体が、再び厄や禍で穢れないように、身を慎んで正しい行いをする必要がある。やはり厄年は、厄落としや厄除け、厄払いをしっかりとしたうえで、無理や冒険を慎んで穏やかで冷静に厄年をやり過ごすことがよいと思う。

世界各国の厄年、厄落とし

厄年は、もともと仏教と共に入って来た考え方で、仏教国であるタイや中国にも厄年や、厄除けのような風習がある。たとえば、タイでは九歳、十九歳、二十九歳のように九のつく年が厄年とされている。それとは別に、二十五歳が大厄のような、特別に気をつけなくてはならない年とされ、仏教寺院で八種類のお供え物をして、厳格な厄除けの儀式を受ける。

中国の厄年は、十二年周期で訪れる。日本では年男とか年女と呼ばれるような、めでたい、生まれ年と同じ干支の年が厄年（！）とされている。

厄年の人はその年の一年間、厄除けの意味で赤い下着や服を身にまとい、金ピカのアクセサリーを身につける。また春節のお祝いの一週間は、赤い衣をまとって家に閉じ籠り、新年を迎える行事に参加できない。これはお正月を二度して、厄年を早く終わらせようとする日本の考え方と同じように、春節の祝いをしないことで、厄年を迎えないという意味があるように思う。

おもしろいことに厄年は、仏教国ではないトルコやエジプト、そしてヨーロッパ各地にもあり、厄落としのような風習も行われている。

たとえばトルコの厄年は、三のつく年で、女性は十三歳、三十三歳、五十三歳。男性は二十三歳、四十三歳、六十三歳とされ、厄年の人は、自分の身につけていた服を身代わりの泥人形に着せて、その人形を誰かに頼んで川に流してもらう。これは身代わりを使った厄落としの風習だ。

エジプトでは四歳から四年ごとに四十八歳まで厄年があるとされ、厄年になると、近所の老人を訪ねて古い布をもらい、それを縫いつなげて長い布にして、厄年の間、その布を身に巻きつけるという風習がある。これは厄をみんなで分けて、災厄を小さくする、という日本の風習と同じ考え方。もらった布を長く縫いつなぎ身に巻きつけるのも、厄年の人にネクタイやスカーフなどの長いものを送る日本の習慣とよく似ていて、とても興味深い風習だ。

キリスト教国であるイギリスでは、男性は四のつく年、女性は七のつく年を厄年とされ、厄落としには、イギリスのシンボルツリーであるオークの実や、オークアップルと呼ばれる虫こぶを年の数だけ集めて、三日三晩、軒下につるす。そのあと、ご近所の人たちを集めてそのオークの実や虫こぶを庭先で燃やすのだ。たくさんの人に見てもらうほど、厄落としの効果が強いとされ、厄をみんなで分けて小さくするという風習なのだ。

スペインでは、女性は十四歳と三十四歳、男性は二十四歳と四十四歳が厄年とされ、厄落としには、家族や友人の見守る中で、年の数だけ調理した馬肉を食べる。そのあと一昼夜、眠らずに踊り明かすとされている。見届ける人たちにもご馳走が振る舞われ、パーティーが繰り広げられるので、これもご馳走を振舞い、厄をみんなで分けて小さくするという、日本の厄落としと共通した考え方。

人種や文化は違っていても、厄年や厄落としの考え方は、万国共通。厄年は、人が健康で幸せな人生を強く生き抜くための、先人の残してくれた知恵なのではないだろうか。

第5章

世界の愛のおまじない

世界のどこの国でも、女の子は素敵な彼と両思いになることを夢見ている。けれども、恋を伝える方法は、ちょっとずつ異なるようだ。ぼくが集めた世界の恋のおまじないを紹介しよう。

中国　愛を伝える黒いカラス

カラスは不吉な鳥と思われがちだけれども、中国では三本足のカラスは神様のお使いと言われている。カラスは縁起のよい鳥とされていて、中国の女性は、カラスを見ると、好きな男子への思いを告げて、その気持ちを彼に伝えてくれるように頼む。

ロシア　愛を伝える杉の板

ソ連のコサック地方の女の子は、好きな男の子に思いを伝えるために満月の晩、小さな杉の木の板を持って、水辺に行き、水に板を浮かせ、その上に裸足の足を乗せ「ゆするよ、ゆするよ、板をゆするよ。板よ、お前は水をゆすりな。ゆらすよ、ゆらすよ、水をゆらすよ、水よ、お前は草をゆすりな。ゆれるよ、ゆれるよ、草がゆれるよ。草よ、お前は風をゆらしな、コサックのミコロによって、ゆり動かされた風は、水面を渡って、彼の心をゆする。彼が私の愛に気づいてくれるように」と呪文を唱えながら、足で板をゆする。そうすると、きっと愛が伝わると言われている。

ドイツ　愛を運ぶてんとう虫

ドイツ北部の森の中には、ニッセという赤い服を着た小人が住んでいて、人々に愛を運ぶと信じられている。てんとう虫は、その小人の化身とされていて、女の子は、てんとう虫を捕まえると、好きな男の子のもとへ気持ちを伝えてくれるようにお願いし、てんとう虫を空高く飛ばす。

フランス　愛を運ぶたんぽぽの綿毛

フランスの女の子は、タンポポの綿毛を見つけると、それをつんで小高い丘やビルの上へ行き、彼の家の方向に向かって、思いきり、綿毛を吹き飛ばす。吹き飛ばされた綿毛に乗って、彼への思いが、彼のもとに届くと言われている。

イギリス

黒猫が愛の伝道師

イギリスでは昔から、黒猫は魔法の力を持つと信じられてきた。好きな男の子がいる女の子は、黒猫に赤いリボンをつけ、彼への思いを黒猫に話し、恋をかなえてくれるように頼む。すると黒猫がリボンのお礼に、その恋をかなえてくれると信じられている。

アイルランド　愛の妖精バラのローザ

妖精のふるさとのアイルランドでは、恋をかなえたい女の子は、バラの花びらに蜂蜜をつけて、白い紙にハート型に並べ、月夜の晩に窓の外に置く。そしてしばらく置いたあと、バラのハートに向かって、恋がかなうように、と願いをする。月夜の晩には、バラの花の蜜をなめに、愛の妖精ローザが現れると信じられている。

イタリア　愛を伝えるマカロニ

イタリアの女の子は、彼の名前をアルファベットのマカロニで作り、それを袋に入れてお守りにする。そのお守りを持っていると、必ず彼と結ばれると信じられている。

ギリシア　愛を運ぶヒヤシンスの首飾り

ギリシアの神話の中に、神様に愛されたとてもきれいな美少年の話がある。その男の子の名前がヒヤシンスといい、ギリシアの女の子たちは、素敵な彼が現れるようにと、青いヒヤシンスの花を摘み、糸に通して首飾りを作り、それを首に下げる。

スイス　愛を伝えるエーデルワイス

スイスのアルプスの牧場の女の子は、高い山の草原でエーデルワイスを見つけると、その花を一輪つみ、彼の家の窓辺にそっと置いてくる。エーデルワイスの甘い香りが、彼に愛を伝えてくれると言われている。日本では野菊やシオンの花が、エーデルワイスと同じ仲間だから、その花で代用できそうだ。

オランダ　愛を育てるチューリップ

花の都オランダの女の子たちは、赤いチューリップの球根に、自分と彼との名前を書いてその球根を埋める。春になり、やがて芽を出して、そしてきれいな花が咲くまでには、彼に思いが通じると言われている。

アフリカ　愛を伝える血の食事

アフリカのある国の女の子は、素敵な男の子を自分に振り向かせるために、彼に何か食べ物をあげる。その時、彼に分からないように、左手の小指にトゲを刺し、その血を食べ物に混ぜておく。彼女の血を食べてしまった男の子は、必ずその子が好きになると言われている。

インド　愛の女神サラスパティー

インドの女の子は恋をすると、赤や黄色の色とりどりの花を摘んで、川へ行き「サラスパティー」と愛の女神の名前を呼びながら、花びらをちぎって川へ流す。それを108回続けると、その恋がかなうと言われている。

ペルー　愛を伝える神様の目

南米ペルーの女の子は、木の枝を十字に組んで、その周りに色とりどりの毛糸を巻きつけ、神様の眼（ゴッドアイズ）というお守りを作り、彼への恋がかなうように祈ったあと、彼の家の前にそっと置いておく。彼への思いがかなうと信じられているんだ。

日本　彼の思いを知る「辻占」

日本に古くから伝わる恋占い。「もや辻や、四辻がうらの一の辻、うらまさしかれ辻占の神」と呪文を唱えて四つ角に立ち、通行人の話を聞くと……。その会話の中に、彼の気持ちを知るヒントが隠されていると言われている。

第6章

にっぽん全国
ご利益伝説

北海道

狸小路のおタヌキさま（札幌市）

北海道札幌市の狸小路商店街には、水をかけてお願いすると、八つのご利益を授かることができる、「八徳狸水かけ地蔵尊」が祀られている。

実はこの場所は、狸小路設立百周年を記念して建立された本陣狸大明神社という神社。創建には四国愛媛の松山から、松山城に伝わる八百八狸伝説の陰神刑部狸《いぬがみぎょうぶ》と、戦国時代に自ら命を断った、伊予大洲市の米津城主の奥方の命を宿した伊予《いよ》の宮瑠璃《みやるり》姫《ひめ》狸の間に生まれた本陣狸《ほんじんたぬき》大明神が勧請された。

本陣狸大明神には、証城寺の狸囃子でリーダーを務めた千葉県の上総《かずさ》の守証和狸《かみしょうわたぬき》大明神の娘の上総御前《かずさごぜん》狸という妻がいて、その二体の狸は、千葉県木更津市の証城寺で結婚式を挙げたあと、この北海道札幌の本陣狸大明神社に祀られたということだ。

さて、この八徳狸水かけ地蔵尊だが、まず水をかけてお祈りしたあと、「南無本凡狸《なむほんぽんり》益《やく》」とお題目を唱えながら、願かけをする。

①狸地蔵の頭をさすると学業成就や技芸上達。

②狸地蔵の目と鼻をさすると、試験合格、選挙当選、就職成就。

③狸地蔵の肩から胸へなでると、良縁祈願や恋愛成就。
④狸地蔵の大きなお腹をなでると、安産祈願や子育て祈願。
⑤狸地蔵の腰の通帳に触ると、福徳円満で人気や信用、名声を得て仕事順調。
⑥狸地蔵の持つ杖をこすれば、悪事災難を逃れ交通安全や幸運を招く。
⑦狸地蔵の金○袋をたたくと、金運を授かり商売繁盛。
⑧狸地蔵の尻尾に触れると、滋養強壮で元気回復して若返るとか。
狸の八畳敷だけに、上記八つのご利益に霊験あらたかだとか。札幌に行った折にはぜひ狸小路のおタヌキさまに、八つのご利益を願ってきてみては。

岩手県　鬼の手形の残る岩（盛岡市）

岩手県盛岡市の三ツ石神社には、岩手県の県名の由来になった、神様が宿るとされる三つの大きな岩がご神体として祀られている。

このご神体の岩はその昔、岩手山が噴火したときに空から降って来たという大きな噴石で、地面に落ちて三つに割れ、村人がこの岩を岩手山の神様の分身として祀ったところ噴火がおさまったので、それ以来三つに割れた噴石の神様の、三ツ石様として神社を建てて祀られている。

ところがその昔、この盛岡に、羅刹《らせつ》鬼《き》と呼ばれる鬼が住んでいて、旅人や住人に悪事を働いていた。盛岡の人々は、ほとほと困り果て、この三ツ石神社の神様に羅刹鬼を退治してくれるように頼んだ。

すると神様はこの羅刹鬼をご神体の岩に縛りつけ、「村人にもう二度と悪さはしない。この地から出ていく」と約束させ、その証としてご神体の岩に鬼の手形を押させたのだ。

この地から逃げた羅刹鬼は、流れ流

三ッ石神社 鬼の手形の岩（岩手）

本陣狸大明神社 八徳狸水かけ地蔵尊（北海道）

れて京の都にたどり着き、都の入口の正門に住み着いて、また悪さをしたという。そのため平安時代の武将、渡辺綱《わたなべのつな》によって片腕を切られ退治された。そして羅刹鬼の住み着いた正門は羅刹鬼が生じた門ということで、羅生門と言われるようになったのだとか。

　この伝説の岩に押された鬼の手形から、岩手という県名が生まれたのだが、いつしかその鬼の強さにあやかって、このご神体の鬼の手形に触れてお願いをすると、病気が治って健康になれたり、元気で丈夫な赤ちゃんが授かる、病気平癒や安産祈願、果ては縁結びのご利益までかなえてくれる、東北屈指のパワースポットになったのだ。

新潟県

湊稲荷《みなといなり》の願かけ高麗犬（新潟市）

　新潟県新潟市の「湊稲荷《みなといなり》神社」には、日本で唯一のくるくる回して願かけをする、回る狛犬が置かれている。

　その昔、新潟は天領で、この地で取れた米を天下の台所の大阪へ運んだり、北海道や日本各地の物資を日本海ルートで運んだ、北前船の重要な寄港地。新潟に寄港して米や物資を積み下ろしした北前船は、待てば海路の日和ありという言葉のように、海が穏やかで、向かうルートに適した風が吹くまで、この新潟の湊に風待ちの停泊をしたのだ。

このとき北前船の船員たちは、湊に隣接した花街に上がり、連日、ドンチャン騒ぎをして新潟の町にたくさんのお金を落としていった。またその船員たちの身の回りのお世話をする女性たちも生まれ、たくさんの恋も生まれたことだろう。

しかし海が穏やかになって日和の風が吹くと、北前船の男たちは船に乗って湊を出てしまう。船乗りたちが、海の天候の安定と航海の安全祈願に訪れたこの神社に花街の女たちも参り、男たちと別れたくなくて、狛犬の向きをこっそり変えていたずらをした。神様のバチが当たって海が荒れ、船が湊から出て行かないようにと願ったのだ。

それ以来、この湊稲荷神社では、男は向かって右の狛犬を回し、女性は向かって左側の狛犬を回して願い事をする、「願かけの高麗犬」として祀られるようになった。

今では三代目の狛犬となり、とくに恋愛の願かけには、狛犬を回して好きな人の住む方角に向けてお願いすると、昔の花街の女性が込めた思いも手伝って、恋愛が成就するという話。

向きを変えて悪戯をして、神様の怒りを買って海を荒そうとしたのが始まりだが、いつしかそれが願かけの風習として、神様からも認められたのだ。神罰が下るようなことはないので、安心して狛犬を回そう。

東京都★墓石を削ってお守りに（墨田区）★

東京両国の「回向院」は、明暦の大火で命を落とした人々の霊を慰めるために幕府によって建てられたお寺。回向院の正式名称は、諸宗山無縁寺回向院と言い、宗派を問わず亡くなった無縁仏を回向（供養）するという、このお寺の役割が、そのままお寺の名前になっている。

そして、その後の安政の大地震を始めとする数々の災害や、船の遭難などの事件、事故で亡くなった身元不明の無縁仏たちや、刑場で死罪となった罪人の霊までも、広く受け入れて供養しているのがこのお寺なのだ。

実はこの回向院には、ミステリースポットとでも言うべき謎の墓がある。それは大名屋敷専門に盗みを働き、奪ったお金を貧しい庶民にばらまいたと言われる、義賊のねずみ小僧次郎吉のお墓。

ねずみ小僧は天保三年に捕まり、刑場の露と消えたのだが、その遺体はこの回向院に埋葬され、義賊の施したそのお金で助かった人々によって、ささやかな墓が建てられた。しかし義賊の施しにあやかろうとしたのか、そのお墓を削って墓石のかけらをお守りにすると、賭け事の強運に恵まれる、という評判が立ち、ねずみ小僧のお墓は無残にも削られるようになったのだ。

今は何代目かのお墓が立派に建っていて、そのお墓の前にお守り用の前立ち石が建てられている。その前立ち石を削ってお守りにするようになったが、今でもお墓を削ってお守りにする人が跡を絶たない。

ちなみにねずみ小僧のお墓の隣に

大江神社 狛虎（大阪）

回向院 ねずみ小僧次郎吉の墓（東京）

は、落語の「猫の恩返し」の猫を祀った猫塚というお墓があり、アニメの「トムとジェリー」よろしく仲良くお墓が建っている。

回向院は、三界万霊すべての精霊を供養するお寺で、人間だけでなく、犬、猫、小鳥を始めとして、すべての生き物を回向する供養塔がたくさん建てられている。いわばご縁がなくて浮かばれないすべての無縁仏を受け入れる、この世とあの世をつなぐ三途の川の架け橋のようなお寺なのかもしれない。

東京都 ★銭塚地蔵とかんかん地蔵（台東区）★

東京浅草の「浅草寺」の本堂左手の奥に、銭塚地蔵とかんかん地蔵という二体のお地蔵さまが祀られている。今では立派な地蔵堂が建てられているが、もともとは青空の下に建てられていて、この銭塚地蔵の地下には、いくらかの寛永通宝が埋められていたのだそうだ。

伝説では有馬郡山口村（今の兵庫県西宮市下山口）に、山口という武家があった。ある日庭を掘ったところ、地中から多額の銭が出てきたが、その家の妻は「武士たるものが勤めずして禄を得るとは家門の恥」として、その銭を土中に埋め戻し、二人の子どもに見せて戒めとしたのだそうだ。

やがてその子どもは立身出世をして要職につき、その銭を埋めた塚の上にお地蔵様を祀って母の戒めとして供養したのだそうだ。

その山口家の跡には、今は銭塚地蔵尊という大きな地蔵堂が建てられていて、この浅草寺境内の銭塚地蔵は、その西宮市の銭塚地蔵尊を勧請したものだと伝えられている。商売繁盛や立身出世のご利益がある。

また銭塚地蔵堂には、今では無残にもその姿をとどめていない、かんかん地蔵と呼ばれる白い石の塊が安置されている。もともとは身代わり如来と言われる大日如来像だったという。この石像を小石でたたくとカンカンという澄んだ音色がするので、かんかん地蔵と呼ばれ、石でたたくことで自分の身体の病気や災いを吸い取ってくれると伝えられてきた。

本来は自分の身体の悪いところと同じ部位をたたいて身代わりになってもらったのだろうが、原形をとどめていないため、大体の見当をつけてたたくしかない。

また、素手で直に石像に触れると、他の方がなすりつけた災厄を吸い寄せてしまうと言われているので、注意しよう。かんかん地蔵の前には小石が置かれているので、この小石でお地蔵様をたたくのが正解だ。

愛知県★津波回避の伝説をもつ岩屋観音（豊橋市）★

愛知県豊橋市の岩山の上に、「岩屋観音」と言われる大きな観音様が立っている。新幹線に乗るたびに、豊橋駅を過ぎてすぐ国道1号線の立体交差を潜るあたりの富士山側の車窓から見えるこの観音様のことが気になって行ってみた。

観音様のあるこの岩山は、岩屋緑地公園となっていて、その観音様の立つ岩山の下に小さな岩穴があり、そこに観音様が祀られていたため、岩屋観音と呼ばれるようになった。岩屋観音の歴史は古く、奈良時代の僧の行基が全国行脚の折、この地を訪れ、その風景の見事さからこの地にとどまり、千手観音の木像を彫って岩穴にお祀りしたのが岩屋観音の始まりと言う。

その後、豊臣秀吉の命でこの地の領主となった池田輝政《いけだてるまさ》は、この岩屋観音を篤く信仰したが、その曽孫の岡山藩主となった池田綱政《いけだつなまさ》が参勤交代の帰り道、大名行列で浜名湖に近い遠州白須賀宿（現在の静岡県湖西市）に泊まっていたところ、この岩屋観音が夢枕に立って「大きな地震が起こり、白須賀宿は津波に襲われる」と告げた。

綱政は急いで白須賀宿を立ち、この岩屋観音の膝下の二股宿に差しかかったときに、あの宝永の大地震が起こり、浜名湖や海に近い白須賀宿は大津波に襲われて壊滅してしまったということだ。

観音様の夢のお告げで九死に一生を得た岡山藩主池田綱政は「曽祖父が信仰していた岩屋観音のご利益の賜物に違いない」と、それ以来、岩屋観音を篤く信仰するようになった。参勤交代の折には必ずこの二股宿に泊まって、岩屋観音を詣でることにした。

この話はたちまち東海道を行きかう人々に広まって、岩屋観音は、道中の安全を祈願する旅人で賑わい、二股宿も大きく繁栄して、岩屋観音は六つの坊の塔頭を持つ大きなお寺となったのだった。

またあるとき、東海道の豊川にかかる豊橋の架け替えをしたときに、どうしても工事がうまく行かずに難儀した、江戸下谷の大工、茂平と弟子の善右衛門は、道中安全のご利益で名高いこの岩屋観音にお籠りをして祈ったところ、観音様が夢枕に立って橋の架け方を教え、その方法で無事に橋をかけることができたということだ。

お告げに感謝した大工の茂平は、一体の大きな聖観音像を彫って岩屋観音の上の岩山の上に立て、その足元の東海道と自分たちの架けた橋を通る人々の安全を願って寄進。それがぼくがいつも新幹線の通りすがりに見ていた、岩山の上の観音様の始まりだった。

今では隆盛だった頃の面影はなくなっているが、岩屋と観音堂の間の道を入っていくと、急な階段と鎖場の道があり、その先には今では青銅製となった、旅の安全を見守る聖観音像が立っている。あなたも旅の安全や人生の安全、そして恋路の安全をお願いしてみては？　大切な場面では観音様が夢のお告げを与えてくれるかもしれない。

大阪府★阪神タイガースを優勝に導いた狛虎（天王寺区）★

大阪天王寺区の夕陽丘台地に、少し毛色の変わった狛犬《こまいぬ》を祀る神社がある。聖徳太子が建立したことで有名な四天王寺から、大きな道を挟んで反対側の夕陽丘台地の突端に、その狛犬を祀る「大江神社」は鎮座している。

もともとはこの神社、四天王寺の鎮守の七宮の一つとして聖徳太子によって建てられたお社。四天王寺の北方守護の守り神として、境内に毘沙門天社が祀られていたといわれている。

ところが明治維新の廃仏毀釈で、毘沙門天は仏法守護の四天王として破棄の対象とされ、毘沙門天社は壊され、その眷属《けんぞく》（つき従うもの）として祀られていた虎をかたどった狛犬も、一つは滋賀県に移され、一つはこの神社の境内に取り残されていたのだ。

ところが平成十五年、この狛虎を見つけた地元のタイガースファンが、取り残された狛虎の相棒を作り、一対の狛虎として祀ったら、そのご利益でタイガースが優勝できるのではないかと思い立った。神社やタイガースファンの有志に働きかけて寄付を募り、平成十五年八月に新しい狛虎を加えて一対の狛虎として境内に安置したのだ。

するとどうだろう、その年の阪神タイガースは、狛虎のご利益で神がかったのか、なんと十八年ぶりに阪神タイガースが優勝。ケンタッキーのカーネル像が道頓堀に投げ込まれるというような、タイガースフィーバーにつながったのだった。

今では最初からあったもともとの狛虎も風化が進み、平成二十三年には新しい狛虎に置き換えられたのだが、この一対の狛虎は阪神タイガースの守護神として崇められ、この狛虎のある大江神社は、タイガースファンの聖地として訪れる人が跡を絶たない。狛虎のまわりにはたくさんのタイガースの応援グッズが置かれている。

狛虎はもとは、七福神の毘沙門天に仕えていた眷属だ。なので毘沙門天のご利益を授ける力を持っている。毘沙門天は北方を守る軍神で、阪神タイガースの優勝のように、武運長久や勝負の勝運、立身出世や開運、厄除けなど運を切り開く力を持っている。

また出身のインドでは、開運招福や商売繁盛などの金運の神様とされていたり、別名を多聞天というところから、知識や情報を聞き集める学業成就や知恵のご利益。大勢の人の話を聞いて社交運やコミュニケーション能力アップのご利益など、多方面でのご利益が期待できる。

広島県★安芸の宮島、一願大使の強力パワー（廿日市市）★

日本三景の一つの安芸の宮島は、その昔、弘法大師空海が弥山《みせん》の霊場を開いた修行の場だ。今では厳島神社としゃもじともみじ饅頭だけが有名になっているが、明治維新の廃仏毀釈までは、この宮島の中心にそびえ立つ弥山こそが宮島のご利益あふれる聖地だったのだ。

この宮島の弥山には、「宮島弥山大聖院《みせんだいしょういん》」という、弘法大師の開いた聖地を守る、由緒正しいお寺がある。そして海に面した厳島神社と神仏習合がされて、この大聖院は、いわば厳島神社の奥の院に当たる存在。清盛が神社に「平家納経」という経文を納めたのもそのためだ。

この大聖院の境内に、弘法大師空海を祀った大師堂がある。このお堂は別名を一願大師と呼ばれ、心の中に願い事は数々あれど、その中でこれだけはと思う最もかなえたい一願だけを真に願うと、お大師様のご利益で必ずかなうと言われている。

大師堂にはそんな心を込めた一願の書かれた、ダルマの絵柄の絵馬がたくさん下げられている。さて、あなたはそんな一願大師に、どんなお願いをするのだろうか。

願い事を絞り込めない煩悩いっぱいのあなたにも救済がある。大聖院入口の仁王門から御成門へと続く、長い石段の中央に掲げられた、手すりのような金属製の筒に触って、その願いの一切成就を祈願しよう。

手すりのような金属製の筒は、『西遊記』で有名な三蔵法師が遥か天竺から持ち帰ったという、大般若経が納められた筒とされていて、お願いを込めながらこの経筒に触れると大般若経を唱えたご利益を授かって、願いがかなうとされているのだ。

もっとありがたいご利益を授かりたいなら、大聖院の山門を出て、川沿いの道を弥山山頂へ上ろう。およそ二時間のハイキングコースだが、脚力に自信のない方はもみじ谷公園からロープウェイに乗れば、山上の獅子岩から二十分ほどに短縮できる。

弥山の頂上には大聖院の弥山本堂と、その脇に霊火堂というお堂が立っている。この霊火堂は平安時代に弘法大師がこのお堂を建立し、そのとき焚いた護摩の火を、その弟子たちが大切に守り続け、以来千二百年以上燃え続けているという、宮島弥山七不思議の一つ、消えずの火が安置されている。消えずの火の上には、いつの頃からか大きな茶釜がかけられていて、霊験あらたかな火で沸かしたお湯を飲むことができる。

弘法大師の修行された護摩の火で湧いたそのお湯は、弘法大師のパワーが宿る霊水で、そのお湯を飲むとどんな病も治り、またどんな願い事もかなうとされている。

安芸の宮島はご紹介した場所以外にも、ご利益様がたくさん祀られている。瀬戸内海に浮かぶ景勝地の宮島で、ご利益三昧を楽しんでみては。

徳島県　猫神さんのさすり猫（徳島市）

徳島県徳島市の県立文化の森総合公園の中に、猫神さんと呼ばれる猫好きの聖地ともいうべき神社がある。

「王子神社」と呼ばれ、もともとは、天候を司る神様の天津日子根命《あまつひこねのみこと》をお祀りした陵墓。今は公園となっている山そのものがご神体である。神社の拝殿はこの御陵の礼拝所となっている。

その拝殿の左手には、おうらまいりと書かれた石碑があり、その奥に進んで行くと、猫神さんと呼ばれる三体のお御霊をお祀りするお社が立っている。

猫神さんの由来は、次の通りだ。江戸時代、富豪と代官に無実の罪を着せられて亡くなった庄屋の無念を、娘のお松が藩主に訴え、お松は直訴の罪に問われた。お松は愛猫のお玉に苦しい胸の内を伝え、万が一のときには私の仇を討つようにと伝えた。案の定、直訴は取り上げられず、お松は処刑され、富豪と代官はお咎めなしだった。やがて愛猫のお玉は化け猫となって、夜ごと富豪と代官を祟り続け、ついには富豪と代官の家を滅ぼしてしまったということだ。

この王子神社は、阿波藩の家老が崇敬した神社で、祟りを恐れ、この神社の境内にお松とお玉の霊を祀って供養したというわけだ。

お社の一番右はお松の霊、真ん中はお玉の霊、そしてその左にはこの神社で命を落とした猫たちの霊を祀って供養している。実際にこの神社の境内には六十頭ほどの猫たちがいて、リアル猫神さんとして大切にされ、猫たちの聖地にもなっているのだ。

また、お社には、石で彫られたさすり猫が置かれている。このさすり猫をなでて自分の住所と氏名と願い事を伝えると、お松の無念をはらしてくれたお玉のように、その願いをかなえてくれるといわれている。

とくに受験合格や学業成就は猫の頭を、安産祈願やダイエットには猫のお腹をさすり、恋愛成就や人気上昇、美人祈願は猫の顔、開運招福や金運アッ

大聖院の絵馬（広島）

王子神社 さすり猫（徳島）

プは猫が手にする鈴をなでると、ご利益あらたかなのだとか。猫好きのあなたなら、ぜひ一度は訪ねてみたい神社。

福岡県 恋愛祈願の聖地、恋木神社（筑後市）

福岡県筑後市の水田天満宮の境内には、無数のハートで飾られた、恋愛祈願の聖地の「恋木神社」が祀られている。

恋木神社の木の文字は東を意味し、つまり大宰府に左遷された菅原の、都に残してきた妻や子を思う気持ちを込めて建立された神社で、その御祭神は恋命《こいのみこと》。

境内はこの水田天満宮の窯元で焼かれた水田焼のハートの陶板を敷きつめて装飾された恋参道や、恋愛成就にちなんで10個のハートで飾られた恋木鳥居、毎年大晦日と御祭禮のときに燈される一対の良縁成就の石灯篭、最近最寄り駅の九州新幹線筑後船小屋駅にも分霊された、触って撫でて縁結びと夫婦円満を祈願する恋結《こいむす》び夫婦雛《めおとびな》など、たくさんの縁結びの仕掛けがあって、まるで恋愛祈願のテーマパーク。

中でも三月三日と十一月三日の良縁成就祭にだけ授けられる縁のいと守りは、自分と運命の人とを表す二本の赤い糸と、神社でお祓いに使う大麻糸を三つ編みにしたもので、神様のお導きで赤い糸で結ばれた運命の人と出会えるご利益があると言われている。

また二月十四日のバレンタインデーには、全国各地のイベント会場で恋愛祈願の絵馬やメッセージカードが集められ、恋木神社の如月絵馬祭で恋愛祈願の絵馬奉納祭が行われる。七月七日の七夕には、織姫と彦星の年に一度の逢瀬にちなんで、「恋むすび祭」が行われる。この日、夫婦や恋人カップルがつめかけて、境内にある恋結びの夫婦雛の、女性は夫雛、男性は婦雛をなでて、結婚成就や夫婦円満の願いをかける。

恋木神社は恋人たちの聖地、恋愛成就を願う人たちの聖地。神社の中はハートにあふれ、いったいいくつのハートが隠されているのか疑問になった。この恋木神社のハートの数を全部数えると、奈良の春日大社の吊り灯篭と同じように、きっとどんな恋の願いもかなえられると思う。チャレンジしてみませんか。

おわりに

おまじないは、幸せのイメージトレーニング

マークが私たちの日常の中から拾い集めた、〝大人のためのおまじない〟の本はいかがでしたか。

子どもの頃は信じてかけたおまじないがよく効いたのに、大人になってする願かけは、あまりかなわないと思ったことはありませんか。それは大人になって、いろいろな知恵や知識を得た結果、「しょせん神頼みなんだ」とどこかで疑う気持ちが生まれ、心のどこかに諦めや手抜きの気持ちが出てくるからなのではないでしょうか。

マークはおまじないは「幸せのイメージトレーニング」だと思います。だから、オリンピックや世界大会で数々の記録やメダルを獲るトップアスリートのように、自分を信じていつも成功のイメージができる、強くて純粋なメンタルが必要なのです。

おまじないの原動力は、幸せや成功を信じる強くて純粋な心なのかも

しれません。そしてそんな心を持てるのは、自分を支えてくれる家族や友人、そして多くのまわりの人たちとの絆があるからにほかなりません。
つまり、おまじないは、お互いに相手を思い支え合う、絆や愛情で成り立っているものだと思うのです。だからおまじないがもたらす本当の幸せは、誰かが幸せになることで、みんな一緒に幸せになれる、幸せの連鎖なのだとマークは信じます。

かつて私たちが子どもだった頃、テレビやマンガの魔法少女に憧れ、神様やサンタクロースやキューピット様を信じて、本気でおまじないやお願いをかけた、あの頃の純粋な気持ちを思い出していただけたら幸いです。そのピュアな心こそ、おまじないをかなえる原動力なのですから。
この本を読んでくださったみなさん、一緒に幸せになりましょう。みんなの幸せを心よりお祈りいたします。

マーク・矢崎

索　引

参考文献

『決定版　おまじないの本』マーク・矢崎　二見書房　一九八八年
『マークのおまじない1000』マーク・矢崎　実業之日本社　一九八八年
『マークの魔女入門』マーク・矢崎治信　実業之日本社　一九八三年
『ハッピー・まじょガール』マーク・矢崎治信／監修　成美堂出版　二〇一五年
『大人のMy Birthday』二〇一四年上半期　実業之日本社　二〇一四年
『ミスティ』二〇〇七年六月号　実業之日本社
『ミスティ』二〇〇七年九月号　実業之日本社
『ミスティ』二〇〇八年四月号　実業之日本社

マーク・矢崎　（まーく・やざき）

マーク・矢崎治信／20歳で月刊少女誌『マイバースデイ』（実業之日本社）におまじないや占いなどの連載を開始。『マークの魔女入門』『マークのおまじない1000』『ハッピーまじょガール』『決定版おまじないの本』『ねこ占い』ほか著作多数。『毎日新聞』の占い欄ほか、ウェブサイト、携帯サイトの監修も多数。明治時代の実業家・易断家の高島嘉右衛門（たかしまかえもん）の玄孫(やしゃご）にあたる。日本占術協会認定占術士。日本占術協会理事。

いにしえからの贈り物　お守《まも》り・厄除《やくよ》け・おまじない

発行日　2020年8月23日初版発行
　　　　2020年9月4日第2刷

著　　者　マーク・矢崎
発 行 人　酒井文人
発 行 所　株式会社説話社
　　　　　〒169-8077 東京都新宿区西早稲田1-1-6
　　　　　電話／03-3204-8288（販売）03-3204-5185（編集）
　　　　　振替口座／00160-8-69378
　　　　　URL http://www.setsuwasha.com/
デザイン　苅谷涼子／菅野涼子
イラスト　堀川直子
編集担当　酒井陽子
編集協力　えいとえふ
印刷・製本　中央精版印刷株式会社

ISBN 978-4-906828-62-3　C2011

角大師疫病除け護符の由来

平安時代、都に疫病が大流行したとき、比叡山の大僧正慈恵大師は疫病退散を祈念して、鏡の前で座禅の修行に入った。大師は弟子に「私の身体に厄病神を降ろすので、その姿を見表し、紙に書き写すように」と命じていた。

大師が不眠不休で座禅を組んだ三日目の真夜中、鏡に映った大師の姿が見る見るやせ衰えて骨と皮になり、頭に長い角が生えて、夜叉の姿となった。弟子はその姿を紙に描き表すと大師に見せ、大師はすぐにその絵に祈祷をして、厄病神を封じた後、絵を木版にしてお札を作り、都の人々に配るように弟子に命じた。

そのお札を門口に張った家は、厄病にならず、その他の災厄も逃れられたという。

疫病除けの
護符

願い事をかなえる
護符

勅令護符

勅令と唸急如律令の間の空白部分に願い事を書き、持っていましょう。できれば一日に一度その護符を見つめて、願いがかなうようにお祈りすると、きっとその願望はかなえられます。

角大師疫病除け護符

この護符は平安時代に都に疫病が流行ったとき、比叡山の慈恵大師が作ったお札です。この護符を身につけていると、新型コロナのような疫病はもちろん、あなたを害する災厄からも身を守ってくれることでしょう。